日本史は「嫉妬」でほぼ説明がつく

加来耕三

方丈社

はじめに

煩悩《ぼんのう》の木霊《こだま》

本書が最もためになったのは、なんのことはない、筆者《わたし》かもしれない。なにしろ筆者はこれまで、自分は「嫉妬」の埒外《らちがい》に棲《す》んでいる、と思い込んでいた。なにより、自分は賢い人間だなどと自惚《うぬぼ》れたり、実感したりしたことは、生涯を通して一度もなかった。第一、他人《ひと》と比べて優れている、などと自信を持ったこともない。

無論、自分なりには頑張ってきたつもりだが、結果として勉強も中途半端の人並みであれば、好きな武術・武道も、己《おの》れが〝天才〟の部類に入っている、と自覚したことなど一度としてなかった。なにをやるにしても、度を越えて優れた才能をもつ人は何処《いずこ》にもいた。それが歳上であろうが、同輩、年下、女性であったとしても、それにおこがましくも嫉妬するなどいう神経は、お門違《かどちが》いだと思ってきた。

他人《ひと》は他人、自分は自分だ、と。それが自分なりの矜持《きょうじ》でもあった。筆者は自足的な、悪くいえば鈍感な性格であったのかもしれない。

ただ、恥ずかしながら十代、二十代を振り返って、筆者はとにかく気が短かった。喧嘩っぱやかった、といえる。〝瞬間湯沸《ゆわ》かし器〟、〝ド短気〟と家族にも、友人にもいわれつづけた。

すぐにかっとなり、喧嘩の場なら、「な・に・を」の「を」のところでは、相手が男性ならすでに手が出ていた。胸ぐらをつかむか、殴りかかるか……。中国拳法をやっていた時なら、足が出た。合気道をはじめて、胸ぐらをとることが逆に、相手に制されることになる、と技を学んでからは、つかまなくはなったが……。

声をあららげる（あららげる）、ということなら、つい最近までつづいていた。

さすがに年をとると、若い頃のように体が敏速に動かない。気力は萎えていないつもりでも、当然、十代、二十代の頃のようにはいかない。そのため手が出ることはなくなったが、口は出たし、気の短さはさほど改善されたとは思えなかった。

ところがこの度、「嫉妬」の事例を歴史に捜す過程で、妬《ねた》んだり、怨んだり、怒りもふくめ、後悔すること、不安に思うこと、心迷うこと。逆に自慢して偉そうに振る舞ったりする——いわゆる仏教にいう〝煩悩《ぼんのう》〟は、ほとんどすべてが同じメカニズムによって生じていることが、はじめて理解できた。

たとえば怒りは、内容に例外なく己れの自尊心《プライド》が傷つけられた、と思ったときに表面化する。相手がいうことを聞いてくれない＝自分の価値（魅力・実力・学力・腕力）が下げられた、と感じた時、露《あら》わとなった。極論すれば、「モンスターペアレント」や度を越えたクレーマー、集団のいじめも、心理状態は何ら変わらないものであると知れた。

相手を屈服させることにより、自分は価値のある人間だ、と自らに言い聞かせたいだけのこと。要は、怒りは己れの自己愛（アムール・プロプル）のために、発せられるものなのだ。相手を攻めているときも、求めているのは相手の反省ではなく、周囲からの自分への賞賛、共感であり、実のところは己れの自己満足が欲しいのだ。

そのことがどれほど自分自身を貶《おとし》め、卑小化しているかを、筆者はこれまで知ろうとしなかった。まさに、〝煩悩〟の檻《おり》の中をのたうちまわっていたわけである。

同様に、怒鳴られた目の前の相手も、同じような〝煩悩〟を抱えていた。感情はエキサイトする。これでどうして、両者の根本的な和解がはかれるのだろうか。

昨今、電脳空間はブラックホールのように拡散され、拡大している。Facebook、LINE、SNS（ソーシャル・ネットワーキング・サービス）といった、コミュニケーションの手段は増えたが、それにともない精神的疾患を抱える人も増加しつづけている。

なぜか、〝正義〟の名のもとに、インターネット上でいかにメールやSNSをやってみたところで、寂しい自分を檻の中から救い出すことはできないからだ。憎しみは増大して反射し、ついにわが身に跳ね返ってくる。虚しさ、不機嫌さは、さらなる虚しさ、不機嫌を呼び込み、怒りは拡大し、エスカレートしていく。

嫉妬は反射する——歴史の事例

名前すら名乗らない（存在感のない）世界で、赤の他人がよってたかって〝正義〟の名のもとに、特定の人間を叩きつづける。現代の「クレーム社会」はいじめとかわらず、その根底にあるのが嫉妬に代表される、外に向けての負の感情であった。

くり返すようだが、中核は「自己愛」である。エゴイズム、エゴチスム、ナルシシズム——云々。

「嫉妬の心《うら》には愛《アムール》よりもさらに多くの自己愛《アムール・プロプル》がある」（『箴言集《しんげんしゅう》』・二宮フサ訳、以下同じ）

といったのは、十七世紀のフランス貴族ラ・ロシュフコー公爵フランソワ六世であったが、彼はまた、

「伝染病のように感染《うつ》る狂気がある」

とも嘆いていた。

嫉妬はあらゆる不幸の中で最も辛《つら》く、しかもその元凶である人に最も気の毒がられない不幸である。(同右)

しかもこの感情は、対象者の存在が大きくなると「恐れ」となり、「憎しみ」は相手を抹殺するところまで突き進んでしまう。

嫉妬——この感情はどのように生まれ、周囲に迷惑をかけ、ついにはわが身に跳ね返ってくるのか。また、どうすればこの厄介な感情から逃れられるのか、助かるのか。この課題を歴史の世界に探り求めたのが本書である。

筆者の得た結論は、いたってシンプルなものであった。〝寛容〟である。

自分に優しく、心和らげる言動を、周囲にも向けることだ。そのためには〝煩悩〟や、不愉快感を軽減しなければならない。

まず、心が体を動かす——これは哲学においても、武道においても真理である——を自得すること。何よりも嫉妬のメカニズムを知り、これを外し、脱出できた自分を優しく包まねばならない。

嫉妬は、価値が低いと思っていた相手が、高い評価を受けたときに生じる。なぜか、相手の価値があがった分、相対的に自分の価値が下がった、と錯覚するからだ。

本来、評価は他人《ひと》がくだすものなのだ。だからといって、自分で思う自分の価値は変わっていない。そのように自覚することが、一番大切なことであろう。もっとも、ラ・ロシュフコーは手厳しい。

慎ましさとは、妬《ねた》みや軽蔑の的になることへの恐れである。幸福に酔いしれれば必ずそういう目にあうからだ。それはわれわれの精神のくだらない虚勢である。さらにまた、栄達を極めた人びとの慎ましさは、その栄位をものともしないほど偉い人間に自分を見せようとする欲望なのである。（同右）

封建制の時代は、生まれながらにして身分や職域の可能性が定められていた。歴代の幕府の役職《ポスト》は、各々の出自によって固定されていた、といってよい。ところが、この封建制の社会でも嫉妬は起き、人々はそれに翻弄されている（詳しくは本文を参照いただきたい）。

嫉妬は凄まじい威力を持ち、ときに〝運〟をも巻き込んで、個人の人生はもとより、国家組織の興亡を決めてしまったり、歴史の流れをもつけ替えるだけの〝力〟＝魑魅魍魎《ちみもうりょう》のエネルギーをもっていた。

一応の区分の目安を、各章で設けてみた。目次を参照いただいて、読者諸氏の気持ちが動いた章から読み始めていただければと思う。羨望や嫉妬のみならず、この世のあらゆる〝煩悩〟のメカニズム、出現のしかた、その対処法が、歴史の史実から読み取れるにちがいない。

本書を執筆するにあたっては、先学諸賢の研究成果を随分と参考にさせていただいた。本文の引用文には出典を明記したが、この場を借りて各位にお礼を申し上げたい。また、以前より公私ともに酒席を共にしてきた小村琢磨氏が、お仲間と出版社を立ち上げるにあたり、貴重な一冊を筆者に求められたことも、この場を借りて感謝申し上げる次第です。

平成二十九年新春　東京・練馬の羽沢にて　加来耕三

日本史は「嫉妬」でほぼ説明がつく

目次

第二章 歴史を動かした嫉妬のメカニズム

第三章 上司が部下を殺す時

第四章 男の敵は男

第五章
歴史は嫉妬の攻防戦

装丁 寄藤文平(文平銀座)

嫉妬が歴史を変える時

第一章

羨望《せんぼう》と嫉妬《しっと》の〝本能寺の変〟

天正十年（一五八二）六月二日の早暁、京都西洞院《にしのとういん》小川《おがわ》の本能寺にあった主君・織田信長を、重臣・明智光秀が急襲。信長は自刃して、四十九歳の生涯を閉じた。

世にいう、本能寺の変である。

この歴史的事件は、信長の覇業〝天下布武〟を一挙に挫折させてしまったことで、きわめて深刻なものであった。が、そのわりには、叛臣光秀の叛逆の動機や原因については、これまでも様々なことが取りざたされてきたにもかかわらず、決定的なものはいまだ、明らかにはされていない。

なにしろ本能寺の変とその後の光秀の死が、あまりに突発的で、併せても十一日間の出来事であったために、同時代に遭遇した人々でさえも、事件の真相を的確には把握することができなかった。このことが何よりも、この事件の真実を明らかにすることを阻んできた、といえよう。

だが、歴史学の立場にたって、一分野である歴史心理学（Historical Psychology）や精神分析の成果の援《たす》けを借りつつ、この難事件の解明に臨めば、存外、原因がありきたり（ありふれて、めずらしくない）であったことが知れる。筆者は〝本能寺の変〟の原因は、信長と光秀――この二人の人間関係、とりわけ羨望と嫉妬にあった、と考えてきた。

この事件を検証するとき、歴史学では揺《ゆる》がせにできない重大な視点が一つあった。

——すなわち、人間の不変性である。

戦国時代の真中あたりで起きた事柄《ことがら》は、その本質においては現代でも通用する、起こり得るものだ、との考え方だが、歴史学にいう不変性はその根本において、人間の感性は時代に関係なく、常に変わらない一貫性をもっている、との思考によって成り立っていた。

もしかしたらもう一つ別の、日本の未来が開けていたかもしれない大きな可能性を、阻んでしまった本能寺の変——この大事件も、その根本はいつの時代にも存在した人間関係、上司と部下＝信長と光秀の感情のもつれ、なかでもやっかいな羨望と嫉妬に端を発した憎悪から起きたものではなかったか——。

単純にいえば、羨望はうらやましがること、嫉妬はねたみそねむことである。

誤解のないようにいえば、信長も光秀も一流、すなわち〝ほんもの〟であった。ラ・ロシュフコーの『箴言集《しんげんしゅう》』の言葉を借りれば、次のようになる。


ほんものである、ということは、それがいかなる人や物の中のほんものでも、他のほんものとの比較によって影が薄くなることはない。二つの主体がたとえどれほど違うものでも、一方における真正さ（真実で正しいこと）は他方の真正を少しも消しはしない。両者のあいだには、広汎《こうはん》（範囲が広い）であるかないか、華々しいかそうでないかの相違はありえるとしても、ほんものだということにおいて両者は常に等しく、そもそも真正さが最大のものにおいては最小のものにおける以上に真正だということはないのである。

本来、信長と光秀は両者並び立ち、比較によって一方が他方に比べて、見劣りするというものではなかった。

信長は戦国の革命児であり、彼に見出された光秀は、美濃（現・岐阜県南部）の名門・土岐《とき》氏の支族・明智光国《みつくに》の子であった、との伝承はあるものの、その出自はかなり怪しい。筆者は室町幕府に出仕していた人物、と考えてきたが、出身はともかく、光秀は武家貴族の共通語を操り、室町式の礼儀作法をも心得ていたことは間違いない。

突飛なことをいうようだが、実は、この人物が信長に認められたそもそもは、その専門性ゆえの可能性が高かった。厳密にいえば、〝言語〟である。

光秀が歴史の表舞台に登場するのは、永禄十一年（一五六八）九月に入ってから――。

この頃、光秀は越前（現・福井県北部）の国主・朝倉義景に客将として仕えていたが、義景を頼ってきた将軍候補の足利義秋《よしあき》（のちの十五代将軍義昭《よしあき》）が、改めて織田信長を頼ることとなり、その交渉の過程、機縁で、自らも信長に仕えることとなった。

並び立つことの不幸と友情について

当初、光秀は室町武家言葉と信長の尾張弁を聞き分け、双方の意志の疎通をはかったはずである。美濃は尾張（現・愛知県西部）の隣国、彼は信長の言葉が理解できたにちがいない。つづいて、京都の行政官をつとめさせられ、光秀は予想以上の成績をあげている。ならば戦《いくさ》はどうか——、と信長が合戦の指揮を執《と》らせても、光秀は抜群の腕前を発揮した。信長からの評価は、高まる一方である。それを受けた光秀の意識の中に、己れを武家貴族に擬するものが芽生え、育ったことは想像に難くない。

外交と行政、合戦共に秀でた立場から、主君信長の言動を改めてみた時、光秀にはこの人物がどのように映ったであろうか。自由奔放《ほんぽう》な信長の気性とはそもそも対照的な、生真面目な光秀はいつしか、主君に対する批判を心のうちにもち、それを心ならずも鬱積《うっせき》させて、ついには謀叛に踏みきってしまった、と筆者には思われてならない。

なぜ、このような大事に至ってしまったのか。

十四世紀の歴史哲学者イブン・ハルドゥーンは、「戦争をもたらす復讐心は、一般に羨望と嫉妬から起きる」と『歴史序説』で述べていた。

信長―光秀主従に関していえば、光秀は自分も参加してきたはずの〝天下布武〟事業を、信長が独り占めしようとしているさま、その至福の様子が妬ましく、羨ましい、と羨望の念を抱いたのではないか。

それに対して信長の嫉妬は、〝天下布武〟を己れの力量ゆえの所有だと考えてきたにもかかわらず、同等の器を光秀も持っている、とふと気づき、その有様をみていて確信に変わった。その観察が、家臣のお前ごときが、とその分不相応の力量に怒りが生じ、その才覚や性格を思い浮かべ、内心、光秀の実力を認めているだけに、嫉妬も生まれ、ますます激しい憎悪の情念を抱くことになったように思われる。

さらにやっかいなのは、嫉妬を向けられた光秀にも、この負の感情は反射し、信長の心底を知ったような気になった光秀は、追いつめられ、疲労したあげく、ならば〝天下布武〟の邪魔をしてやろう。いや、一層のこと自分が奪ってやろう、と考えた形跡は色濃い。

一般的に、羨望よりも嫉妬の方が、感情としては激しい。

なぜならば、信長の〝天下布武〟をうらやましい、と思った武将は、それこそ天下にあふれていた。が、そのすべてが信長を殺そうとは考えない。これが本来の羨望である。それに比べて嫉妬は、より人間関係が近く、密接である場合に起こる特性があった。

——光秀は、信長が最も信任してきた側近中の側近である。

信長—光秀主従には史料上、友情に近い感情すらうかがえたのだが……。

そういえば先のラ・ロシュフコーは、

「私の意図は、交際について語りつつ友情を語ることではない。この二つはいくらか関係があるとはいえ、やはりたいそう違うものである。友情には交際よりも崇高で尊いところがあり、交際の最大の取り柄は友情に似ていることである」

といっている。

なるほど、織田家に参加した光秀は、主君である信長に年下の〝友垣《ともがき》〟に対する情け、慈しみの感情を持っていた。でなければ、一番遅れて来て、最大の出世=城持ち第一号にはなれまい。

だが、この友情は主従関係の中で、自らを認めてくれた信長であるからこそ、抱いた感情であることを忘れてはなるまい。

距離をとってこその交際

ラ・ロシュフコーは交際について、次のように述べている。

「相手より自分を大事にしたい気持は、あまりにもわれわれにとって自然で、これを棄て去ることは不可能だから、せめて隠す術ぐらいは心得るべきであろう。自分が楽しむとともに他人を楽しませ、他人の自己愛《アムール・プロプル》に配慮して、決してそれを傷つけないようにしなければなるまい」

人間は誰しも、自分が何よりも可愛いもの。自己愛《アムール・プロプル》――このキーワードを、仕える立場の光秀は、主君信長に対して友情の深まる中、いつしか配慮することを忘れてしまったのではないか。少なくとも信長は、己れの自己愛を傷つけられた、と認識していたのだから。

才気と才気のあいだに成り立つ関係は、もしその付き合いが良識や気質や、一緒に生きようと望む人のあいだに当然あるべき心づかいなどによって、調整され支えられなければ、長く保たれないであろう。たとえ時として、正反対の気質と才気の人が親密に見えることがあっても、それは自然でない結びつきによるに違いないから、長続きはしない。また、付き合う相手より自分の方が生まれや身にそなわった資質の点で優位に立つこともある。しかしこのような利点を持つ者は、それを悪用してはならない。そのことはめったに匂わせず、相手を向上させるためだけに使うべきである。導いてもらう必要があることを相手に気づかせ、できる限りその人の考えや利益に副《そ》うようにしながら、理によって導かねばならない。

（ラ・ロシュフコー『箴言集《しんげんしゅう》』）

光秀はつい、この交際におけるルールをおこたってしまった。

友達の欠点が生まれつきのもので、またそれが彼らの長所よりも小さな欠点である時は、寛大に見逃さねばならない。欠点に気がついて不愉快になったと、相手にわからせることはなるべく避け、努めて彼らが自分で気がつくことができるようにして、自分で自分を直させて花を持たせるべきである。〈中略〉

紳士が共にする交わりはお互いをうちとけさせ、率直に語り合う無数の話題を提供するが、にもかかわらず、その交際を長続きさせるのに必要な多くの注意を、快く受けいれるだけの従順さと良識のある人はほとんど一人としてない。人はある程度までは注意してもらいたがるが、何から何まで教えられることは望まないし、またあらゆる種類の真実を知りつくすのは怖いのである。

物を見るためには距離を置かねばならないのと同じに、交際においても距離を保つ必要がある。どんな人にも、自分をこう見て欲しいと思う角度がある。あまり近くから光を当てて欲しくないと思うのは、おおむねもっともなことだし、あらゆることにおいてありのままの自分を見て欲しいと思う人は、ほとんど一人もいないのである。（同上）

信長にも、「自分をこう見て欲しいと思う角度」があったはずだ。

なぜ、光秀はそれを理解できなかったのだろうか。

光秀は〝天下布武〟に邁進する信長に魅了され、同志愛、友愛を強く持ったがために、いつしか距離のはかり方がわからなくなったのではないか。

あまりにも近くから、信長に光を当ててしまったように思われてならない。

仰ぎみる羨望に比べて、嫉妬は自らが所有していると思い込んでいる地位や財産、広くは幸福を守ろうとして起こる防衛本能であるから、信長はその狭まった光秀との距離によって感情を害し、危機感を抱くようになった、ともいえる。

もっとも、信長は光秀の才能に多少の嫉妬を感じたとしても、自らの築きあげてきたことごとくを、この部下に奪われる、などとは一度も考えてはいまい。

が、一方の光秀は、信長の一声で地位も領地も、すべてを失う懸念、恐怖が常にあった。そのため嫉妬の感情が反射すると、心が休まらず、精神的に追いつめられ、ついには疾患を煩《わずら》った可能性が高かった。

なぜ、信長ほどの人物が、部下との交際に気を配らなかったのであろうか。光秀も〝ほんもの〟であり、優れているとの確信があったにもかかわらず――。

人の心を餌食《えじき》にしてもてあそぶ怪物

実は嫉妬は、相手を認めたことにより生じる感情であった。しかも、複雑にできていた。ラ・ロシュフコーはいっている。

人が自分の嫉妬を口にすればするほど、気に障《さわ》ったいろんなことが、ますますさまざまに違う面から見えてくるものだ。それらはほんのちょっとしたはずみで変わり、必ず何か新しいことを発見させる。その新しい発見は、自分がすでに充分に見、充分に検討したと信じていたことを、別の様相のもとで見直させる。〈中略〉およそ正反対で、最も気にならなかったことが、いっぺんに顔を出す。憎んでやりたいし、愛したい。しかし憎んでもまだ愛しているのだし、愛してもまだ憎いのである。人はすべてを信じ、すべてを疑う。信じたことを、疑ったことを恥じ、いまいましく思う。自分の見方をひとつところにとどめようと絶えず悶々《もんもん》としながら、決してそれを固定した一点に導いて行かない。（同上）

難儀《なんぎ》な感情である。面倒であり、これほど迷惑なものもあるまい。

だからであろう、現代のビジネスマンの中にも上司との人間関係に悩み、出勤しようとすると倦怠感《けんたいかん》をともない、吐き気に襲われるといった、身体の不調を訴える人は少なくない。

それこそ度を越せば、自殺や殺傷事件になる場合も――。

自分で自分を追い込まず、途中のどこかで自分を抑え、引き止める身の処し方を持つべきなのだが、嫉妬はその距離がはかれない。瞬間に間合いをつめてくる、得体のしれない怪物のようなもの。もし、嫉妬という負の感情を、制御する術《すべ》を心得ている人がいたならば、その人は人生の達人といえるにちがいない。

世の中には、なにをオーバーなとか、

「嫉妬ですか……。それって、女性、子供特有のものじゃないんですか」

などと、暢気《のんき》に思い込んでいる方が、わずかながらいる。

が、そうした軽視、錯覚は大いなる思いちがいであり、そもそも嫉妬は身分の上下、男女の性別、国の大小、時代の新旧など、まったくお構いなしに、どこにでも存在した。

シェイクスピアは『オセロ』の第三幕で、

「嫉妬に御用心なさいまし。嫉妬は緑色の目をした怪物で、人の心を餌食《えじき》にしてもてあそびます」

と述べていたが、この〝緑色の目をした怪物〟は、何処にでも、誰の心の中にも存在した。

明治の文豪・夏目漱石は次のように嘆いている。

世の中はしつこい、毒々しい、こせこせした、その上ずうずうしい、いやなやつで埋《うず》まっている。元来何しに世の中へ面《つら》をさらしているんだか、解《げ》しかねるやつさえいる。しかもそんな面に限って大きいものだ。（『草枕』）

この漱石のいう〝面〟に輝いているのが、〝緑色の目をした怪物〟すなわち嫉妬である。実《げ》に嫉妬は恐ろしい。『旧約聖書 ヨブ記』には、

「げに怒りは愚かな者を殺し　妬《ねた》みは馬鹿者の生命《いのち》を奪う」

とあった。嫉妬はときに、人の生命さえも奪いかねない。

しかも、このやっかいな感情は、消滅することなく、それでいてふいに姿を現わした。

困ったものだ、と溜息《ためいき》をついてみても、嫉妬を助長しているのが人間そのものであるため、タチが悪かった。ユゴーの『レ・ミゼラブル』の言葉を借りれば、

「幸福だけの幸福は、パンばかりのようなものだ」

ということになる。つまり、嫉妬のない人生は一面つまらない、との考え方も成り立つから恐ろしいのである。

「――食《く》えはするがごちそうにはならない。むだなもの、無用なもの、よけいなもの、多すぎ

るもの、何の役にも立たないもの、それがわしは好きだ」（同右）
この「何の役にも立たないもの」、〃わしの好きなもの〃こそが、人生における喜怒哀楽の感情だ、と筆者は思ってきたが、そのなかでも一番扱いの難しい、〃緑色の目をした怪物〃＝嫉妬までもが、人生の必需品とは……。

嫉妬の語意と民族性

嫉妬――そねむ、ねたむ、またはそねみ。なるほど、この「嫉妬」の二文字――「嫉」にも「妬」にも女偏がついている。嫉妬は女性特有のもの、と思い込む方がいても仕方がないのかもしれない。漢和辞典によれば、もともと女性が人を憎むことを意味したのが「嫉」（にくむ・ねたむ）であった。が、やがて男女を問わずに、広く人間感情として、にくむの意味に用いられるようになる。嫉妬に性別はなくなった。

「嫉」の右側だけの漢字「疾」が、そもそもの音「シッ」を表わしており、「疾」は人に矢が当たって傷ついた様子を示したもの。失恋・失言・失望・失意といったイメージが重なる。それが急に倒れる→急病となって、やまい・にくむ・はやい、などと読むようになった。

「疾」そのものにも、「疾忌《しっき》」（ねたんで避ける、憎む）があり、「疾苦《しっく》」（恨み苦しむこと）、「疾《しっ》悪《あく》」(悪を憎む憎悪)、「疾疫《しつえき》」(はやりやまい)、「疾病《しっぺい》」「疾疹《しっしん》」(ともに、やまい)などの単語が生まれた。いずれも、気分のいいものではない。

一方の「妬《と》」(ねたむ・にくむ・ねたみ)も、「嫉」とまったく同じ意味をもつ。あえて「嫉」と「妬」の差異を求めれば、色情に関するねたみは「妬」となろうか。

ちなみに、「ねたむ」の同訓には、「嫉」「妬」や「疾」以外にも、「猜《さい》」(邪推してねたみ、うらむ)、「媢《ぼう》」(夫が妻をねたむ)などの漢字が存在した。

古代中国においては、ねたみやそねみの感情は、女性において甚だしい、と考えられていたようだが、歴史が記録されるようになって以来、「嫉妬」は男性にもみられるようになり、女性の嫉妬がどこか間の抜けた(失礼!)、はたからみれば部分的には可愛げのあるものであるのに比べて、男性の嫉妬はどこまでも陰性で粘液質で、持て余すものであった。

作家の田辺聖子は何処かで、

「女の世界、女同士の嫉妬なんてかわいらしいもので、男の嫉妬のものすごさ、比べられたらお話になりません」

といっていた。

男の嫉妬は、とくに自分より下だと思っていた者が、あきらかに自分を超えた、と思われたとき、自分が求めた評価以上の採点をされた時、とりわけ成功や名声にかかわることで自分との〝差〟が生じたとき、激しく燃えあがり、ときに歴史をも変える力をもっていた。

しかも、この感情は、屈折していて、直接的な行為となることを避けるように、年齢が長ずるにしたがって、心にプログラムされていく。人々は嫉妬を恥《はず》かしいこと、他人《ひと》に悟られてはいけないこと、との気持ちを強くもち、すぐには表面化しない難点を生む。

とくに日本人の場合、その特有の生き方、考え方が、古来より影響しつづけてきたからであろう。日本人は正々堂々と戦うことを正義だ、と思い込む傾向が強く、嫉妬を発火点として策謀をめぐらし、競争相手《ライバル》を蹴落《けお》としたり、裏へまわってその相手を表舞台から引きずり降ろしたり、嵌《は》めたりする姑息《こそく》さを好まない民族的潔癖性を持っていた。

むしろ、万事に控え目で、目立たぬような起居振舞《たちいふるまい》いこそが奥ゆかしく、美徳だ、との決めつけが強く、人を押しのけて営利栄達を実現した人を「成金」「成り上がり」と軽蔑・侮蔑する傾向も強かった。その反動であろう、山野に隠遁して自然を友とし、花鳥風月に遊ぶ〝隠士〟の生活こそが、生き方の理想と考えられ、〝清貧〟は決して敗北者とみなされなかった。

淡泊でギラついた野心・野望のない、権勢欲のないものを良しとする思潮が、日本には古来より根づいてきたといってよい（拙著『歴史に学ぶ自己再生の理論』参照）。

そのためであろう、注意深くみていると、日本史の世界には自らの足跡をきれいに消して、歴史の舞台を人知れず去っていった人物が折々に登場した。

具体的にはこれからみていくが、こうした〝天晴《あっぱ》れな人〟は、そうした行為によって嫉妬を避け得たともいえた。

それができなかった事例こそが、〝本能寺の変〟であった。

すべては過労から始まった

〝本能寺の変〟＝明智光秀の謀叛については、諸説あるものの、筆者は最大の要因は信長への不信——怒り、後悔、不安、妬《ねた》み、怨みといった〝煩悩〟——さらにいえば、〝煩悩〟を抱えた光秀の過労が、そもそもの根本にあったのではないか、と考えてきた。

この謀叛を起こす一年前、光秀は自らの家臣たちに「家中軍法」を示し、「私は瓦礫《がれき》のように沈んでいた境遇から、信長さまに取り立てられて、莫大な軍勢を任されるまでになった。すべては、信長さまのおかげである」

としみじみ語り、家臣たちにも自分と変わらぬ、信長への忠誠心を求めていた。それから僅《わず》かに一年——何が光秀の心情を、一変させたのであろうか。

一つのエポックは、天正十年（一五八二）三月の、武田氏滅亡後の宴《うたげ》の最中、光秀が周囲に漏らした言葉に、すべての発端があったように思われる。読者諸氏は、先のラ・ロシュフコーの『箴言集』を念頭に、次の光秀の言をお読みいただきたい。

「これでようやく、われらも骨をおってきた甲斐《かい》がありましたな」

と、彼は何気ない一言を発した。

ところがこのセリフを偶然、耳にした信長は、突然に怒りを表に露《あらわ》にし、光秀に駆け寄るや、大勢の家臣が見ている前で、この忠臣を打擲《ちょうちゃく》するという挙に出た。

「お前がいったい、何を骨おりしたというのか。ふざけるな……」

信長はおよそ無抵抗な光秀の、首根っこを捕らえて、柱にそのキンカン頭を幾度も幾度もぶつけたという。なぜ、信長はキレたのか。彼にすれば、光秀のいう「ようやく」＝〃天下布武〃は、すべて自分の才覚により、采配したことであって、己れ（おまえ＝光秀）のような手足の分際が何をいうか、己れは何様のつもりだ、ということになる。

厄介《やっかい》なのはこの時、信長の心中には、光秀の織田家における貢献の高さ、すでにみたその溢れる知性・教養、部将としての手腕――そのことごとくが、理解されていたことであった。

光秀の能力を誰よりも高く評価していればこそ、信長は光秀の言葉に嫉妬したのだ。つまり、光秀の言が信長には、当てこすり（皮肉）に聞こえたともいえる。

一方の光秀にすれば、自らは信長の目指す〃天下布武〃に、誰よりも骨身を惜しまず、懸命に献身、参画してきた、との自負があればこそ、思わず口を突いて出た言葉であった。が、光秀はラ・ロシュフコーの「交際においても距離を保つ必要がある」との忠告を忘れるべきではなかったろう。信長も紳士《オネット・ジャン》に徹するべきであったのだが、つい自己愛が勝《まさ》って蛮行に出てしまった……。

乱世を終息させ、泰平の世を開くというビッグ・プロジェクトに、主要人物の一人として参画してきた、と自負してきた光秀は、およそ家臣を道具としてしかみていない信長に、分不相応を糾弾され、大勢の前で辱めを受けた。

実はこの事件の少し前まで、光秀は大病をかかえて戦線からしばしの待機状態にあった。心身はすでに五十を越えた年齢とともに、よほどの疲れを光秀は覆《おお》っていたにちがいない。

なんとか気力で挽回を、と考えて日々懸命な彼に、信長の仕打ちは致命的であった。

光秀は屈辱の中で考えたのであろう、本当に自分にはさほどの価値がないのか、主君のいうことは正しいのか、と。自答は否《いな》、である。自分がいなければ、信長の〝天下布武〟の実現は不可能であった、との矜持《プライド》を光秀は持っていた。だからこそ、気力をふりしぼって粉骨砕身してきたのだ。それを……全能の神の如くに振る舞う暴君に、深い怒りと悲しみ、すべての成果を独占しようとすることへの嫉妬、そしてそこから生まれる恐怖を感じたとしても、おかしくはなかった。

恐怖が強迫観念となると、いくら抑えようとしても心からはなれないこの不快な病的観念は、その対象を抹殺《まっさつ》しなければおさまらないところまで、負の感情＝嫉妬心をつき進めてしまう。と同時に強迫観念にかられる途中で、信長ぐらいのことは自分でもやれたはずだ、と当然、光秀は思ったであろう。

嫉妬が「合理化」を生んだ光秀

疲れ切った頭の中で、屈辱に塗《まみ》れ、嫉妬の炎《ほむら》を燃やしながら、光秀は考えつづけた。

おりわるくこの時期、同じように織田家のために働いてきた、最高幹部＝方面軍司令官の佐久間信盛《のぶもり》らの追放がおこなわれている。その理由も、光秀にはこじつけにしか思えなかった。

「惟任日向守《これとうひゅうがのかみ》」という、九州ゆかりの姓と官位を、すでに信長から授けられていた光秀は、九州征伐の担当は自分になるだろう、それはよいとして、さて、その先、己れはどうなるのか、と考えたであろう。自分には、羽柴《はしば》（のち豊臣）秀吉のように、謙《へりくだ》って生き抜く気力と体力、自信と忍耐が、すでに年齢的には失《う》せかけている――云々。

光秀の生年は明らかにされておらず、信長に仕えたときの年齢は四十、四十二、五十二と諸説あるものの、光秀は信長より五歳から十七歳の年上であった可能性が高い。信長が光秀を打擲した時、信長は四十九歳。光秀は最低でも五十四歳であったことになる。

「それにしてもなぜ、上様（信長）はそれほど自分を辱《はずかし》めようとするのか——」

心中深く苦悩しているところへ、今度は徳川家康の接待を命じられ、結果、その不手際《ふてぎわ》を責められる事件が起きた。加えて、これまでの領土である坂本城（現・滋賀県大津市）や領地の丹波（現・京都府中部と兵庫県東部）をことごとく召しあげられ、出雲（現・島根県東部）、石見（現・島根県西部）の二ヵ国を与える、との信長の命令が届く。

織田家は領国支配と合戦に必要な軍用金は、すでに成立していた官僚制度によって分離されており、光秀が現領地を書面上、失っても、明日から生活、合戦に、すぐさま困るということはなかった。が、すでに精神的に追いつめられていた光秀には、さらなる圧迫となったであろう。信長のやり口をイジメ、と受け取っても差《さ》し支《つか》えはなかったかと思われる。

疲れ切った光秀は、自らを救う道を求めた。心理学にいう「合理化」である。厳しくつらい現実をそのままに認めることが、自らの無能・無力を表明することにつながり、自分自身にそのことが明らかとなるとき、人は何とか無理やりにでも、自分に都合のよいこじつけの理屈をつけて、自らを納得させようとするもの。

光秀は考えた。信長はきっと、室町幕府のような守護を否定するだろう。否、あの魔王のことだ、かならずや朝廷をそのものも滅ぼすに相違ない——。

——光秀の強迫観念は、己れの将来をも「合理化」する。

「働くだけ働かせて、あとは難癖《なんくせ》をつけて捨てられる」

無論、「合理化」だけでは〝本能寺の変〟――自らの天下取りには到らない。

その起爆薬こそが、嫉妬が増幅した恐怖であった。そして増大した恐怖は、殺すか殺されるかの問題に転嫁される。あんなやつに天下は渡せない。自分こそが、天下人にはふさわしいのだから、との思いが心の中で葛藤《かっとう》する（もつれる）中、ついに〝本能寺の変〟は勃発した。

さらに途中、光秀ほどではないにしろ、羨望と嫉妬を信長に向けてきた朝廷――たとえば〝三職推任《さんしきすいにん》〟（「征夷大将軍」「関白」「太政大臣」の、三職のいずれかに任命すること）の言質《げんち》を信長に与えてしまった誠仁《さねひと》親王（正親町《おおぎまち》天皇〈第百六代〉の第一皇子）やその妃の兄であり、武家伝奏《ぶけでんそう》でもある勧修寺《かじゅうじ》晴豊《はるとよ》。前関白太政大臣の近衛前久《このえさきひさ》、吉田神社の神官・吉田兼見《かねみ》などが、光秀と共通する心中の苦衷《くちゅう》を語り合ったとすれば……。

「知性も教養もない、出来星《できぼし》（成り上がり）大名の織田が……」

彼らの話題は、〝天下布武〟を目前にした信長の、野蛮さ＝天下人に相応しくない、との思い、嫉妬、恐怖で扱《こ》き下ろされ、「合理化」されたはずだ。あるいは、陰謀の才に長けた前将軍（十五代）の足利義昭が、光秀を密かに勧誘したことも、十二分に推測できる。

現に光秀は、〝本能寺の変〟のおり、近衛前久の邸から信長の嫡子・信忠の拠る二条御所を攻撃していた。また、親王との関係も本能寺の変後、親密であったことは疑いない。将軍義昭の奉戴に関連しての、書状もいくつか現存している。

とすれば、光秀は反信長勢力に取り込まれる中で、確実に信長への憎しみを増していったのであろう。史実の光秀は、すでにみたごとく室町幕府に仕えたこともあり、武士の教養ということでいえば、信長よりはるかに高いものをもっていた。あの無教養の野人に、自分のような優秀な人間が、なぜ、これほどの恥ずかしめを受けねばならないのか。根底で燃やしたのは、嫉妬の炎であった。

人間のすべての性格のなかで、嫉妬は一番みにくいもの、虚栄心は一番危険なものである。心の中のこの二匹の蛇から逃《のが》れることは、素晴らしくここちのよいものである。

（ヒルティ『眠られぬ夜のために』）

しかし、現実には逃れられないのが人間の性《さが》なのである。

嫉妬をかわした秀吉

「屈辱と嫉妬の苦痛はなぜこれほど激しいかと言えば、この場合は虚栄心が苦痛に耐えるための援けになり得ないからである」（ラ・ロシュフコー『箴言集』）
むしろ光秀は、嫉妬心が高まるほど、己れの自負心＝虚栄心が増大し、「合理化」が進んで、この〝二匹の蛇〟ののたうちまわっていることが、刺激的で心からわくわくする思いにつながっていったにちがいない。
一方の信長は、光秀の心中など忖度《そんたく》している暇はなかった。朝廷の権威による〝三職推任〟の返答よりも、信長には成さねばならないことがあった。王手のかかった、〝天下布武〟の完成である。
武田氏を撃滅した信長は、方面軍司令官の一人・佐久間信盛を追放して、五方面軍となった各司令官をフルに稼動させ、うち筆頭家老の柴田勝家を越後（現・新潟県）の上杉景勝《かげかつ》（謙信の養子）に対峙させ、武田氏滅亡で著しく反織田勢力が弱まった関東には滝川一益《かずます》をすえた。
そのうえで中国、四国の征討に主力軍の鉾先を転換。四国には三男の信孝に、最高幹部の一人・丹羽長秀《にわながひで》をそえ、中国地方はすでに天正四年（一五七六）以来、方面軍司令官として羽柴秀吉を抜擢投入、着々と成果をあげていた。それに連動して光秀はつづく山陰からスタートする、九州征伐を担当する予定となっていたのだが……。
「人間は地位が高くなるほど、足もとが滑りやすくなる」（タキトゥス『年代記』）
筆者が興味深いのは、このおり備中高松城（現・岡山県岡山市北区）を囲んで、これを水攻めにしていた秀吉である。彼は自己の軍勢二万七千五百余だけでも、中国地方の攻略は可能だ、と値踏みしていたにもかかわらず、あえて、毛利輝元・吉川元春《きっかわもとはる》・小早川隆景《こばやかわたかかげ》ら毛利氏の主力軍が、あげて高松城救援に押し寄せてくるので後詰《ごづ》めを、と安土（現・滋賀県近江八幡市）へ援軍要請をし、急《いそ》ぎの信長自身の出馬を請うた。

秀吉は〝緑色の目をした怪物〟――この場合では、信長の嫉妬をよく理解していた、と見るべきである。乱世は終焉に向かっていた。この先、毛利の五万余と雌雄を決するような、華々しく大きな舞台＝合戦が、さて、どれほど戦国日本に残されていたであろうか。

その大舞台に秀吉が立って武功を輝かせれば、主君信長は何と思うか。さすがに苦労人の秀吉は、その心中を読むことを心得ていた。織田家に、スターは二人いらないのだ。大功を主君に奉《たてまつ》ってこそ、臣下の者は可愛がられるもの。

今も昔も、人間の嫉妬は自分が周囲からどのように評価されているか、を中心に展開される。自分の才能、能力が他人の目にどのように映っているのか、自分はどのような位置を占めているのか、人は絶えず意識するもの。ましてや組織（会社）では、自分への評価が昇進・出世・経済的充実につながってしまう。

なかでも上司の自分への評価は、人事異動を考えればなおさら重大である。

秀吉は信長の草履《ぞうり》とりからスタートしたため、気軽に主君から声をかけられることも少なくなかった。周囲のやっかみは、想像を越えたものであったろう。にもかかわらず……、なぜ、秀吉は周囲の嫉妬の炎で焼き殺されず、生き残り得たのか。

〝ときは今――〟、嫉妬爆烈

「敖《おごり》は長《ちょう》ずべからず、欲《よく》は従《ほしいまま》にすべからず」

と五経の一《いっ》・『礼記《らいき》』にある。「敖」とは傲慢《ごうまん》、自分の能力や地位、成果をもって他人を見下《みくだ》すこと。こういう気持ちは、おのずから表情や態度に現われるものだ。「欲」の追求も同じで、ほどほどを心がけてはいても、つい表に出てしまうもの。

高い評価を受けた人間は登用されるが、登用というプラスの裏には、他人からの激しい嫉妬を向けられるというマイナスが生じている。まして職場は各々、生活経験の異なる人々が集まって、一つの仕事をこなすところ。しばしば、緊張感に襲われる場所である。

秀吉は周囲の目を常に意識し、自らが嫉妬されるような事態を極力避ける努力をしていた。彼は自らの大功を主君信長に譲って、「敖」と「欲」を捨て、安心と寵用《ちょうよう》（愛されて取り立て用いられる）を得たのである。

「天の与ふる所に候《そうろう》」

信長は秀吉の心中を、愛《う》いやつと思いつつ、自らの出陣を快諾した。

おりから、駿河一国（現・静岡県中部）の領地加増の御礼を述べるべく、安土へ伺候していた徳川家康の饗応役を解任された光秀は、丹波攻略以来、信長にすれば休息を与えてやった、との思いもある。

秀吉救援のための先陣を光秀に命じ、細川忠興《ただおき》、池田恒興《つねおき》、高山右近、中川清秀ら畿内の諸将に、にわかの出陣命令を発した。信長には、自分が戦地に到着するまで、秀吉は決戦は仕掛けたりはしないことが知れていたであろう。

すでに天下統一に王手のかかっている、信長には余裕があった。同盟者の家康に対しては、安土まで来たついでに京、奈良、堺などをゆっくり見物してはどうか、とすすめ、自らは五月二十九日、わずか二、三十人の供回りを率いて上洛。西洞院小川の本能寺に入った（総勢百五十人～百六十人とも）。

この寺は、日蓮を宗祖とする本門法華宗《ほんもんほっけしゅう》五大本山の一つであり、当時の信長の、京都滞在中の定宿として、周囲の町屋を退去させ、四方に掻《か》き上げの堀をめぐらし、内側には土居《どい》（防御のための土塁）を築き、木戸を設け、厩舎《きゅうしゃ》まで造るなど、小城郭の構えを備えてはいた。が、皮肉なことに、この時ほど、京都の警戒が手薄であったことは、永禄十一年（一五六八）の信長上洛以来なかった（大規模な造営を終えてから、信長が本能寺に宿泊するのは二度目）。

「人生の大病《たいびょう》は、ただこれ一《いっ》の傲《ごう》の字《じ》なり」（王陽明『伝習録』）

「傲」＝「敖」については、前述した通りである。陽明もこれこそが、人生最悪の病気だ、と断じていたが、この諸悪の根源から秀吉のように、するりと逃れることは難しい。

勝者ほど、成功者ほどかかりやすい、〝大病〟といえた。信長も、決して例外ではなかったろう（それは晩年の秀吉も同断であった）。

同じころ、嫡子・織田信忠も上洛してきた。こちらも手勢わずかに三百ばかりで、衣棚押小《ころものたなおしこう》路《じ》の妙覚寺に止宿《ししゅく》している。信長は出陣までの数日間を、後継者の信忠とともに、好きな茶の湯でも楽しむつもりでいたようだ。

信長は、光秀の追いつめられた心情をまったく理解していなかった。もしかすると、光秀を叱責したことすら、ストレートに怒りをぶつけて、そのまま忘れてしまっていたかもしれない。

上司は存外、部下に屈辱を与えたことを忘れやすいもの。しかし、やられた方は決して忘れていないものだ。現に、信長の最後の一日がやって来た。

六月一日、二月に太政大臣になったばかりの近衛前久をはじめ、勧修寺晴豊ら四十人もの公家衆、僧侶、地下衆《じげしゅう》（地元の人）が、信長のもとを訪れて、茶の湯のもてなしを受けている。茶会の済んだあと、信長は寂光院《じゃっこういん》の日海《にっかい》（のちの本因坊算砂《ほんいんぼうさんさ》）と鹿塩利賢《かしおりげん》の、囲碁の対局をみ、息子の信忠、京都所司代の村井貞勝《さだかつ》を相手に、うちとけた内輪の楽しい一刻を過ごして、やがて寝所に入った。

相前後して、西へ向かって進んでいるはずの光秀の軍勢一万三千が、現在の午後六時、丹波亀山城（現・京都府亀岡市）を出発し、山城国（現・京都府南部）と丹波国の国境、老ノ坂《おいのさか》を越えて沓掛《くつかけ》（現・京都市右京区）にいたり、やがては桂川の岸に迫ろうとしていた。

嫉妬で冷静さを欠いた光秀

〝ときは今　あめが下知《したし》る五月哉《さつきかな》〟

ときに「時」と光秀の出身「土岐氏」をかけ、あめが下に「天下」を託し、光秀は先月来、嫉妬心からの憎しみ、怒りを暴発させ、謀叛を決意していたが、それを家臣たちに打ち明けたのは、老ノ坂から沓掛にいたる間であったという。一族、重臣らは当初、猛反対をしている。

無理もない。少し冷静に考えれば、この謀叛はいかに失敗の公算が大きいか、誰にでも判断はついた。なるほど、隙だらけの信長を本能寺に襲うこと、その首をとることは容易であろう。後継者信忠も、ついでに殺害できる。光秀ほどの戦術家なら、この父子を討ちもらすことはあるまい。京都を占領しさえすれば、朝廷は光秀に靡《なび》く。すでに前将軍の足利義昭とは、密かに往信もしていた。室町幕府再興をスローガンにおけば、世上の人心も一応は納得しよう。

だが、〝天下布武〟に王手のかかった、織田家の各方面軍司令官が唯唯諾諾《いいだくだく》と光秀に従うはずはなかった。羽柴秀吉は備中にあって毛利軍と交戦中とはいえ、北陸の柴田勝家、畿内の丹羽長秀（信孝の補佐）、関東の滝川一益は、直ちに京を目指し、天下に「主殺し討伐」の檄《げき》を飛ばして、進発してくるにちがいなかった。勝家、長秀、一益らは光秀の織田家における先輩であり、道義的にも、常日頃からの競争心からも、集まる軍勢の数は、向こうが多勢に決まっていた。

光秀側にはせいぜい、前将軍義昭と参陣不可能な毛利氏、ほかは細川藤孝や筒井順慶《じゅんけい》など、長年の友誼と姻戚関係にある者が参加してくれる程度でしかあるまい（実際は藤孝も、順慶も不参加）。織田家長年の同盟者である徳川家康も、堺をぶじに脱出することができれば、かならずや弔い合戦の名目で、大軍を進発して光秀にむかってこよう。

天下の四方八方から、主殺し討伐の大軍勢がわき起こり、それを一手で防がねばならない光秀は、いくら優秀な戦術家であろうと、一戦、二戦の勝利は請け負えても、最終的な勝利者とは成り得ない。光秀はそうした未来図を承知で、婿の弥平次秀満《やへいじひでみつ》（左馬助光春《さまのすけみつはる》）や斎藤内蔵助《くらのすけ》利三《としみつ》（春日局《かすがのつぼね》の父）ら重臣を呼び、信長に対するこれまでの遺恨の次第を訴えるとともに、

「老後の思ひ出に、一夜なりとも天下の思ひ出をなすべし」（『川角《かわすみ》太閤記』）

と謀叛の同意を求めた。

勝ち負け、天下取りではなく、個人の感情論による決起だ、と光秀はいったことになる。いっ

たん口にしたうえは、もはや決行するしかない、と重臣たちは光秀の言葉にしたがい、重ねての進軍となった。そして、桂川を徒渉した頃である。

「今日よりして天下様に御成りなされ候間《あいだ》、下々草履《ぞうり》取り以下にまで勇み悦び候へ」

と触れが出た。光秀が天下様になるという、まさに幕末に頼山陽《らいさんよう》の述べた「敵は本能寺にあり」（『日本外史』）であった。

『信長公記《しんちょうこうき》』（太田牛一《ぎゅういち》著）に拠れば六月二日午前六時ごろ、信長は寺の表の騒がしさに目を覚ましたとある。やがて鬨《とき》の声があがり、鉄砲の音が聞こえてきた。

「是《これ》は謀叛か、如何《いか》なる者の企《たくら》みぞ」

信長の疑問に、次室で宿直《とのい》をしていた森蘭丸（森可成《よしなり》の次男〈三男とも〉）が物見に出、馳せ戻って、明智の軍勢です、と言上。聞くなり信長は、ただ一言のみを口にする。

「是非《ぜひ》におよばず」

信長がこの事態に直面して発したのは、この一言だけであり、言葉が短すぎてその意味はわかりにくい。光秀に包囲されたなら、もはやどうにもならない、という直訳ですまされるのか、もう少し深い心情――己れへの反省も込めたもの――であったのか。

信長は本能寺の表御堂に駆け出し、自ら防戦に参加したという。やがて肘に鎗疵をうけて、ついに働けなくなる。御殿内に退いた彼は、

「女はくるしからず、急ぎ罷《まか》り出《いで》よ」

婦女子を脱出させるゆとりをみせ、火を発して燃えさかる殿中深くへわけ入り、内側から納戸の戸口を閉ざし、さらに障子をつめ、室内に座り込んだ。

まさに、信長が平素から愛誦していた、幸若舞《こうわかまい》の「敦盛《あつもり》」の文句そのままに、

〟人間五十年　下天《げてん》のうちを　くらふれば　夢幻《ゆめまぼろし》の如くなり〟

と、波瀾に満ちた四十九歳の生涯を、彼は自ら閉じたと伝えられている。

光秀を葬った信長の執念

信長は嫉妬の恐るべき威力を、己れの最期に理解したであろうか。

深く心の中に澱《よど》み、凄まじい爆発のエネルギーを発酵させ、歪んだ形で攻撃・破壊力を噴出する――人間の原動力を。

本能寺の異変を少しはなれた妙覚寺で知った信忠は、父の救出に向かったものの、途中落去した（物事が決した）ことを村井貞勝から聞き、手勢をつれてすぐ近くの押小路室町《おしのこうじむろまち》の二条御所（新御所）に移った。信忠は光秀が次に、自分に向かって来ることを理解していた。

可能なかぎりの防戦をするためには、場所を選ばなければならない。

二条御所には誠仁《さねひと》親王があったが、信忠は包囲軍の光秀に了承をもとめ、親王を落してのち、改めて奮戦し、午前十時ごろ、ついに力尽きて自刃して果てた。

——蛇足ながら、この『信長公記』の伝えてきた通史には疑問点が多過ぎた。

たとえば、光秀方の将兵はなぜ、ただの一人も信長のもとへ謀叛を知らせに走らなかったのであろうか。討つべき相手が主君信長であったと聞いて、彼らはなぜ、光秀の命令を拒絶しなかったのだろうか。それでなくとも〝主殺し〟は、この時代の大罪《だいざい》であったはずだ。

本城惣右衛門《ほんじょうそうえもん》という武士の回顧録が、天理図書館に収蔵されている。

惣右衛門は光秀に従って本能寺へ、その最前線を受けもって攻め込んだものの、討つべき相手が信長とは知らなかった、と述べている。

「のぶながさまに、はらさせ申事はゆめともしり不申候《もうさずそうろう》」

では、誰を襲ったつもりでいたのか。徳川家康だとばかり思っていた、と彼はいう。

光秀は一万三千——すべてが鎧甲冑を着用して、馬をつれていれば、その騒音はけたたましいものとなる。おそらく信長は事前に光秀から、出陣の挨拶にうかがいます、と聞かされていたのではないか。ところが、いよいよ近づいてみて、その異様さに気がついた。

このときの信長の心情は、どのようなものであったろうか。

筆者は、光秀の凄まじい嫉妬、怒りを知った信長は、意外にもこの時、快感・快楽を覚えたのではないか、と思われてならない。突飛なことをいうようで恐縮だが、信長は己れの生命《いのち》と引きかえて、光秀をこの世をから葬る手立てを、いわば嫉妬に対する嫉妬返しを、瞬時に考えついた、と解釈している。嫉妬を綾《あや》なす異彩ともいうべきか。

――南門から本能寺に突入した惣右衛門は、

「かやばかりつり候て、人なく候つる」

という静寂の寺内をかけまわった。途中、ようやく一人の白装束姿の女房を捕えたところ、

「上様は白い着物を召している」

と告げられたが、この上様が信長だとはこの時点でもなお、惣右衛門は気がつかなかったという。もしそれが真実であるならば、本能寺における華々しい攻防戦はなく、信長は自らさっさと灰燼《かいじん》に帰したことになる。

つまりこの覇王は、己れの生命《いのち》と引きかえに光秀を殺したのだ。自分の御首級《みしるし》を焼尽《しょうじん》したことにより、光秀は信長の死を天下に実証することができず、このことが光秀を〝三日天下〟（十一日間）で滅ぼすことにつながった。嫉妬に目の眩《くら》んだ光秀は、一番重要なところで生涯、最大のミスをしてしまったのである。

それを正しく認識していたのだが、遠く備中高松城を攻めていた羽柴（のち豊臣）秀吉であった。苦戦している、と光秀が思い込んでいた秀吉は、信じられない素早さで山陽道を駆けのぼ

り、〝中国大返し〟をやってのけながら、姫路での三日間の逗留中に、信長の御首級が何処にも晒《さら》されていないことを確認して、

「信長公は生きている」

との流言を、上方の織田系諸侯に撒きながら、彼らの動きを止めた。

山崎の合戦では、織田系の諸侯も加えた秀吉軍三万二千余に対して、自軍一万数千で戦い、敗れた光秀は、天正十年（一五八二）六月十三日、潰走《かいそう》の途中、薮の中に潜んでいた土民に竹槍でつかれ、あえない最期を遂げた。享年は一説に、五十四という（異説多し）。

もし、信長の首が三条河原あたりに晒《さら》されていたら、光秀の軍勢は秀吉軍を上まわっていた可能性が高かった。信長はここまでの計算をして、素早く自らの首を焼失させたのである。

一杯の羊のスープで国を失う

それにしても信長―光秀主従には、二人共に羨望や嫉妬から逃れる方法がなかったのだろうか。
「霜《しも》を履《ふ》みて堅氷至《けんぴょういた》る」（『易経《えききょう》』）
という言葉がある。秋になって霜がおりはじめると、やがて堅い氷の張りつめる冬が来るのは、季節の順番だ。冬は秋を飛び越えて、一気にやって来ない。かならず、〝霜〟という前兆

がある。これを見逃さないことだ、というのが文意である。

どんな大事件にも、かならず前兆、前触れはあった。それは、実に小さなことであったかもしれない。だからこそ見落としたのだろうが、嫉妬の泥仕合に巻き込まれたくなければ、そのわずかばかりの〝芽〟＝小事を見過ごさないように、常日頃から細心の注意をするしかないのだが、これは極めて至難の業であった。

「怨《うら》みは深浅《しんせん》を期《き》せず、それ心を傷《そこな》うに於《お》いてす」（劉向《りゅうきょう》編『戦国策』）

この言葉の、意味はわかりやすい。ささいな怨みでも、相手の心を傷つければ手ひどい報いを受ける、との意だが、このことについては有名な一つの挿話があった。

中国の戦国時代に、中山《ちゅうざん》という小国があり、この国の王がある時、国中の名士を招いて酒宴を張ったことがあった。このとき司馬子期《しばしき》という人物も招かれたのだが、料理が進む中、たまたま料理人の不注意で、羊のスープ（羊羹《ようこう》）がどうしたことか人数分足りずに、子期のところまで回ってこなかった。

このアクシデントは、王の責任ではない。料理人の、それもほんのちょっとしたミスであったろう。ところが、己れは辱められた、みくびられたのだ、と思い込んだ司馬子期は、このことがあって大国の楚へ逃亡し、なんと楚王をけしかけて、中山を攻撃させる挙に出たのである。

小国の中山は、ひとたまりもなかった。中山の王は這《ほ》う這《ほ》うの体《てい》で国を捨てて逃げ出した。

この亡命の途中で、しみじみと述懐したのが、先の『戦国策』に載った一節であり、このセリフには、次のような文言がつづいた。

「――吾《われ》、一杯の羊羹を以《も》って国を亡《うしな》う」

信じられないような話だが、筆者は大いにありうる話だ、と考えている。

そもそも信長は、いつからお気に入りの光秀に、不審をもちはじめたのか。逆に光秀は、一年前まで尊敬していた信長の、いつから短所が気になりだしたのであろうか。

ともにスタートは、どうでもいいような小事であったはずだ。もしかしたら、二人ともに覚えていないかもしれない。それが積もり重なると、〝本能寺の変〟となったわけである。

人間関係の機微ほど、難しいものはない。なかでも嫉妬は、そのスタート時点を的確につかめない怖さがあった。ほとんどの場合、いかに猛省しても出発点はわかるまい。

スタート時点を発見するなどという難しいことはやめて、歴史の実例に嫉妬のメカニズムを学び、それに対処する方法を求めたほうが懸命であるように思われる。

実はこの一杯の羊のスープの挿話には、相前後して、もう一つ別のエピソードがついていた。

逃げる中山の王に、けな気にも戈《ほこ》をたずさえて懸命に付き従う兵が二人いたのだ。

「その方たちは何故、それほどまでに尽くしてくれるのか」

不審に思った王が尋ねると、二人は跪《ひざまず》いて答えた。

「私どもの父は、ある時、飢えて死にかけていたところを、王様に壺の中の食を分け与えられ、生命《いのち》ながらえることができました。父は亡くなる時、〝中山王に何かあったならば、お前たちは死をもって報いよ〟と遺言しました。ですから私どもは、王に殉じようとまいったのです」

中山の王は心から、嘆息していう。

「私は一杯の羊のスープのために国を失ったが、一壺の食物のおかげで勇士を二人得た」

恩も怨みも、感情の表裏一体。その小事を明らかにすることができないとすれば、全体を見て対処する方法を、われわれは導き出すよりしかたがないのではあるまいか。

嫉妬の魔除けと兄弟問題

『戦国策』を引くまでもなく、今風にいう上司と部下のボタンの掛け違いから、感情的なもつれが生じ、羨望と嫉妬の入り混じった感情に火が点じられて、怒り、憎しみの炎《ほむら》が燃えあがった歴史上の事件は、決して少なくなかった。

もともと、権力者に嫉妬は不可欠なもの。そのため日本では、権威と権力とを分けるという、わが国独自の権力構造が徐々に形成されていった。

古代では天皇と豪族、ついでは天皇と摂関家（藤原氏）、さらには天皇―摂関―将軍、次には

天皇―摂関―将軍―執権の四重構造（鎌倉時代）。

これほど重装の権力構造をもった国は、世界でも日本以外にはなかったろう。なぜ、これほどの重装を日本は必要としたのか。日本人特有の生き方、考え方については、すでにふれた。加えて、キリスト教やイスラム教のような、宗教を持たなかったことも大きかったようだ。世界史では、世俗の権力と宗教の権威がせめぎ合い、互いを蹴落《けおと》そうと闘争を繰り広げたが、こうした一元論が日本には起きなかった。

逆にいえば、欧米諸国における聖俗併せもった強大な独裁者には、その力に応じた、ありとあらゆる嫉妬が、その人物一人に集中する怖さがあったことになる。

日本の重装はそれらを避ける、ある種、嫉妬の魔除けといえなくはなかった。

だが、天皇―摂関と権威と権力を分ける以前においては、欧米諸国に比する天皇の〝力〟に、周囲がむける羨望と嫉妬をはじめとする、あらゆる感情は実に厄介なものであったともいえる。

中大兄皇子《なかのおおえ》（のちの第三十八代・天智天皇《てんぢ》）は、まさしく権威と権力を一身にもつ具現者となった。彼は己れの持つ〝力〟を自在に発揮し、後世にいう「大化改新」（乙巳《いっし》の変）を断行した（詳しくは第二章参照）。

が、その〝力〟をめぐって、やがて日本最初の内乱＝壬申《じんしん》の乱が勃発する。

この空前の大乱も、もとをたどれば絶大な独裁権をめぐる戦い――この事例では、天皇家の実の兄弟——の羨望と嫉妬が、その根底にあったといえる。
形としては、皇位継承をめぐってのものであり、一方の当事者が天智天皇、他方がその実の弟・大海人《おおあま》皇子であった。もっとも乱そのものは、後世にいう天武《てんむ》元年（六七二）六月に勃発《ぼっぱつ》している。この時、すでに天智天皇は病没しており、実際に激突したのは彼の息子・大友《おおとも》皇子と大海人皇子であった。

意外なことに、即位前の天智天皇＝中大兄皇子は、大海人皇子と実に仲のいい、朝廷では誰もが認める名コンビで、二人は父母を同じくする実の兄弟であり、大化改新以来、厳しい政局を力を合わせて乗り切ってきた間柄であった。

「それがいけなかったのだ」

歴史心理学を専攻する者ならば、そういったにちがいない。

いつの時代でも、あまり年齢が離れていない兄弟姉妹は、それ自体でライバル関係になりやすかった。兄弟は一緒に生活し、いつも一緒にいるため、スタート時点は同じだと考えられやすい。一面、二人（あるいはより複数）は常に比較されるもの。これは周囲も、本人たちも同断である。とくに思春期以降、自我意識が強くなると、兄弟（姉妹）は他人の比較に敏感になり、つい相方に張り合う気持ちが生まれ、周囲の言動に刺激されるようになる。

互いに人柄や性格、クセといったものを熟知しているため、家族の一員という連帯感や親愛の情、「そと」に対する「うち」という閉ざされた集団は、〝家族感情〟で強く結ばれており、〝身内〟の情をも共有している。

それゆえ兄弟は助け合うものだが、これに優劣がつき、一方が明らかに劣っているとなると、そこに嫉妬が芽生え、関係がこじれ、深みにはまると身近なだけに、遠慮のない生《なま》な感情のぶつかり合い、憎しみ合いが生じ、その攻撃性はきわめて強烈なものとなる。

一方がかけはなれて優秀な場合は、他方は敵《かな》わない、競争すること自体考えられない、という情況に陥り、落胆、無気力にはなっても嫉妬は起きない。

うつろふ〝家族感情〟

幸い中大兄皇子と大海人皇子は、兄弟揃って優秀であり、それこそ前にみたラ・ロシュフコーの言うように、二人は共に〝ほんもの〟であって、「両者は並び立ち、比較によっていささかも見劣りしない」存在であった。

それに「そと」に対する「うち」の感情が働き、次章で詳しくみる「大化改新」(乙巳の変)以来の、多難な政《まつりごと》、天皇家を守るために、二人は力をあわせて朝廷を運営してきたといえる。

とりわけ天智二年(六六三)から翌年にかけては、兄弟にとって最大の危機であった。

日本初の大規模な外征＝白村江《はくすきのえ》の戦いに、倭《わ》（日本）は百済《くだら》と組んで唐・新羅《しらぎ》の連合軍と戦い、惨敗を喫している。この外征の失敗は、ときの政権の内部分裂を誘発しかねない可能性が高く、朝廷内は大いに紛糾した。

なにしろ、ときの中大兄皇子は、まだ天皇になっていない。同父母妹の間人皇女《はしひとのひめみこ》と結婚していたことから（詳しくは次章）、この頃の慣例で中大兄は皇位につけず、皇位は斉明《さいめい》天皇（第三十七代）の崩御後、皇位は空位のままとなっていた。実に朝廷は、中途半端な状況であったといえる。

もしこのとき、反対勢力が皇位の資格をもつ皇族を擁立して挑めば、「天智天皇」は実現をみなかった可能性もあった。が、皮肉なことに、その最大の脅威＝資格のある皇族は、この時点において、弟の大海人皇子以外にはいなかったのである。

弟は兄の敵にはまわらず、懸命に中大兄を支え、当時、皇族を大臣に任ずる前例がなかったため、就任こそしていないものの、事実上は左大臣として、朝廷の首席の待遇に終始した（のちの太政大臣《おおまつりごとのまえつぎみ》の前身）。

なぜ、大海人は中大兄の敵にまわらなかったのか。互いに理解し、尊重し合っていたことも確かだが、外からみれば、兄の地位を弟として守っておれば、やがてその兄が即位し、そのあとの皇位は自分にまわってくることが、明らかであったからだ。

この時代、日本では親から子への譲位よりも、兄から弟の方が一般的であったといえる。ポスト・中大兄、つまり天智天皇の次は大海人皇子と、誰もが考えていたし、当人もそのつもりでいたわけだ。だからこそ、兄弟関係は盤石であった。

ところが、天智即位後に風向きが変わり、二人の間は急速に冷え込んでいく。

天智天皇が正式に即位した天智七年のある日、天皇は琵琶湖を望む高殿《たかどの》（高く造った建物）に群臣を召集して、盛大な酒盛りを催した。その宴たけなわの頃、余興に立った大海人皇子が、長槍をとって突然、広間の敷板を刺し貫くという事件を引き起こす（『大織冠伝《たいしょくかんでん》』）。

あまりの脱線、無礼なおこないに、怒り心頭に発した天智は、この弟を捕らえて殺そうとした。場は緊張にみなぎったが、忠臣・中臣《なかとみ》（のち藤原）鎌足《かまたり》が二人の間に割って入り、なんとか事無きを得ている。

しかしこの時、すでに兄弟の間には、互いに不快な感情がわだかまっていたことは、誰の目にも明らかであったろう。理由は明白で、皇位継承に関する羨望と嫉妬であった。

天智のついた天皇の位は、権威と権力の双方を持つ絶対の〝力〟の座位となっていた。大海人皇子は兄の即位とともに、「立ちて東宮と為《な》る」で、太子の地位にスライドしており、彼はそれ以前、すでにみた如く太政大臣に匹敵する地位にもあった。

にもかかわらず天智天皇は、わが子・大友皇子の成長に、親としての愛情を重ね、己れの後継者＝次期天皇にすべく画策《かくさく》を始めたことから、兄と弟の間はギクシャクしはじめる。

とくに大海人皇子にすれば、槍を振りまわして暴れたくもなったろう。

この種の内紛は、今でもよく耳にする話ではあった。

現代企業のオーナー社長が、優れた経営手腕をもつ人物に、傾いた自社再建を依頼する。招くときは、それこそ〝三顧の礼〟をもちいながら、その人物のおかげで業績が回復するや否や、ふいにその功労者不在のなかで、臨時の取締役会を召集し、手腕を発揮した経営者をその立場から追ってしまう。一種のクーデターのようなもので、V字改革を成功させた功労者は、ただ愕然《がくぜん》とする。

多くの場合、ワンマン社長の息子がその後釜に座ることとなる。

そして歴史の妙味は、そのあとその会社は再び職場から活気を消し、沈滞ムードが漂い、社員はやる気を失って、社運は下降線を辿る命運となる。創業家やそれに準ずる世襲の社長家に、あまりにも多すぎる歴史の顚末《てんまつ》といってよい。

――根本は、肉親の情であった。

天智天皇ほどの人物である、わが子の大友皇子が凡庸であれば、私情を挟むことはなかったろう。なにしろ弟は自己政権最大の功労者であり、才覚も申し分なかったのだから。ところが厄介であったのは、大友は親の目ならず周囲からも一廉《ひとかど》の人物とみなされていた点であった。

「皇子博学多通にして、文武の材幹有り」（撰者未詳『懐風藻《かいふうそう》』）

ほかにも、「魁岸奇偉《かいがんきい》」（すぐれて立派な個性がある）、「風範弘深《ふうはんこうしん》」（風采が広大で深遠）、「眼中に精耀《せいよう》あり、顧眄煒燁《こへんいよう》」（眼力があるのに、ふりかえる目もとが美しく輝いている）といった論評が並んでいた。天智の目が眩《くら》んだのも、わからぬではなかった。

それでなくとも、最高権力者がかつての功臣を粛清する、などという例は、それこそ歴史の世界には無数に近い事例が存在した。

現代企業ならさしずめ、「内部告発」「意見書」「怪文書」などが出まわり、その失脚させるべき有能な人物の、不倫やセクハラ、パワハラ、家庭内事情の暴露といった人格的な攻撃、誹《ひ》謗《ぼう》中傷をバラまき、会社に居辛《いづら》くして、はじき出すように仕向けるのであろうが、封建制の時代、ましてや権威と権力のすべてを握る天智天皇の場合は、それほど歪《いびつ》なことをする必要はなかった。

額田王との三角関係はなかった

独裁者はいつの時代、いかなる国においても自儘《じまま》であった。

古代日本史の例はこれからみるとして、中国史においては前漢帝国を創業した劉邦《りゅうほう》の、情容《なさけよう》赦《しゃ》なき功臣の粛清。三国志時代の呉の孫権《そんけん》しかり、明の太祖こと朱元璋《しゅげんしょう》までの歴代王朝のトップはことごとく、能力が高いがゆえにかつての同志、功臣を殺しつくしていた。

否、封建制の時代に限らず、近現代史においてさえ、スターリンや毛沢東、金日成の体制では、どれほど有能な――それだけに、自らの地位を脅かすかもしれない――人々が、残酷な方法で排除されたことか。

むしろ、すぐさま弟・大海人皇子を誅殺しなかった天智天皇の心情こそ、日本人独特の優柔不断さ、世界史に稀な例外といえるかもしれない。

天智はすばやく大海人を失脚・殺害せず、彼と同じ朝廷最高の官職・太政大臣に相当する待遇に、わが子・大友を引き上げた。即殺されなかっただけに、大海人の心情は長々と苦悩することとなる。

自分ほど、天智政権誕生に貢献し、懸命に皇位を支えた補佐役はいない。にもかかわらず、わが子可愛さに、その皇位を息子に譲ろうとする――このあからさまな兄帝の行為は、何事か。

しかも大友皇子は、天智天皇即位の年にわずかに二十一歳。このとき天智は四十三歳、大海人皇子は兄よりは多少の年少と思われるが、大友とは比べるまでもない。

大海人の立場にたてば、兄の裏切りへの怒りに加え、甥の若さ、才能への警戒心＝嫉妬もあったろう。身近な者ほど、嫉妬は熾烈を極めた。一度、甥に皇位を譲っても、そのあと自分に戻ってくるとは到底、思えなかった。

また一方の天智にすれば、何よりも弟への後ろめたさが先に立った。が、この申し訳なさが昂じると、先にみた「合理化」がおこなわれ、感情は一転して開き直りへ。なるほど〝太子〟にはしたが、〝皇太子〟とする儀式はあげていない、とか、皇位を譲る、と公に宣言したこともない、とのこじつけ、言い訳が出始める。

一度、大海人に皇位を譲って、その次をわが子へ回してもらう工夫も、天智は考えたであろうが、大海人にも子はあり、一度譲った皇位が、そうたやすくかえってくるとは考えられなかった。なにしろ大王＝天皇の地位は、権威と権力を一手に握っている。戻ってこない、との冷静な見解は兄弟ともに変らなかったろう。

こうなると、天智は己れにとって都合のいい理屈を集め始める。先進国の中国では、かなり以前から帝位は父子相続を原則としているではないか。なるほど、こちらの方こそが「大化改新」（乙巳の変）以来の、新しい国家体制にふさわしい。長子相続制がよい――云々。

だが、大海人と大友では実力・経験、朝廷での人望――いずれの点においても差がありすぎた。加えて、大友の母は、伊賀《いが》（現・三重県西部）出身の采女《うねめ》（天皇・皇后に近侍し雑用にあたる女官）で、身分があまり高いともいえない。

諸々のことを考えると、天智はもう一歩＝粛清には踏み込めず、大海人も皇位にある兄には勝てないことを理解して、自ら攻撃を仕掛けたりはしない。

この危うい均衡をどうにか取りもち、兄弟間に決定的な破綻が生じないように、懸命の調停をおこなっていたのが功臣の中臣（のち藤原）鎌足であった。

ところが天智八年十月、「大化改新」のクーデター以来、一貫して二人の兄弟を結ぶ絆の役を果たしてきた、この忠臣が病没してしまう。享年五十六。

——事態は一変した。天智天皇は素早く動く。

それまでの慣行を破って、「皇位継承は父系での直系」とする法典を定めたのである。

同時期、天智は万葉を代表する女流歌人・額田王《ぬかたのおおきみ》（女王《ひめみこ》）を、大海人皇子の妃と承知していながら、召し上げて己れの妃にしたことも、大海人すれば憤懣《ふんまん》やるかたない思いであったろう、とこれまでも縷々《るる》述べられてきた。

あかねさす紫《むらさき》野《の》行き標野《しめの》行き
野守《のもり》は見ずや君が袖振る（額田王）

紫草《むらさき》のにほへる妹《いも》を憎くあらば
人妻ゆゑに吾恋《われこい》ひめやも（大海人皇子）

天智七年五月におこなわれた、琵琶《びわ》湖の東岸・蒲生野《がもうの》（現・滋賀県蒲生郡）における壮大な野外の宴――このおりに二人が歌をかわした、悲恋の名場面とされてきたが、この『万葉集』の歌はともかく、大海人皇子と額田王の関係は、後世に連想されるような、天智天皇を加えての男女の三角関係ではなかった。彼女は朝廷の神事や遊宴に奉仕する女性であり、巫女からのちの遊女へ流れていく系譜＝遊《あそびめ》女に属する女性であったかと思われる。

少なくとも額田王を挾んで、兄弟が男同士の嫉妬合戦をするようなことはなかった。大海人と彼女を、天智がひきさいたというのも当たらない。現に、額田王が大海人との間にもうけた十市《とおち》皇女は、天智の子・大友の妃となっている。

兄と弟の争いは、あくまで政権をめぐっての権力闘争であった。

耐え忍んだ大海人《おおあま》皇子の逆襲

天智十年（六七一）正月、天智天皇は露骨《ろこつ》にも大友皇子を太政大臣に就かせ、左右大臣以下に有力豪族を配して、強力な大友サポート体制を構築した。

「嫉《そね》みは憎しみよりも解き難い」（ラ・ロシュフコー『箴言集』）

それまでは、大海人皇子が実質的に太政大臣的な役割を果たしてきただけに、事ここに至っては大海人も、己れの暗い前途を覚悟するしかなかったろう。と同時に、不平・不満、苛立つ嫉妬の炎《ほむら》は、いやがうえにも燃えあがったに相違ない。

かといって、独裁者の兄帝に真正面から立ち向かうことは困難である、との冷静な認識を、彼はまだ失っていなかった。ここが、前出の明智光秀と大海人の、命運の別れ道であり、普通の人間ならば暴発するところを、大海人皇子は忍耐強く〝時〟の経過を待った。潮の流れが変わるのを、懸命に自省しつつ我慢したのだ。

彼の生な感情が天に届いたものか、その年の秋、天智天皇は病に伏《ふ》す。その病床に呼ばれた大海人皇子は、ここで実に意外な一言＝「後事《こうじ》をそなたに託す」を耳にした。病の中で天智は、やはり大海人皇子こそ、と思い至ったものか。それとも、これはワナであったのか。

嫉妬は疑いを糧にしている。それで人が疑いから確信に転じるや否や、嫉妬は狂気と化するか、もしくは死んでしまうのである。（ラ・ロシュフコー『箴言集』）

これまで強引に、邪魔者を排除してきた兄＝独裁者の冷徹非情を知る大海人は、当然、この言葉を警戒した。謀略にちがいない、と。

「皇位は倭姫王《やまとひめのおおきみ》（天智天皇の皇后）にお譲りください。わたくしは天皇の御ために、出家いたします」

大海人はそう答え、この日のうちに自家の兵器ことごとくを官に納め、兄に二心《ふたごころ》ないことを周囲に知らしめた。古代日本の方向を決する、一幕《ひとまく》が降りた。二日後、大海人は出家し、わずかな従者とともに急ぎ、吉野へ向かった。思い直した天智に、謀叛の罪状を着せられ、逮捕・処刑されることを恐れたのである。反抗の意志が微塵《みじん》もないことを、併せて示したかったのであろう。病床の兄帝は気弱になっていて、これを信じたようだが、朝廷の心ある人々は、

「虎に翼を着けて放てり」(『日本書紀』)

と囁《ささや》き合ったという。

それほどに大海人は、力量、人望ともに抜きんでていたし、皇位への意欲もあると見られていたのだ。一方の若い大友皇子はといえば、その政治基盤はまだまだ脆弱《ぜいじゃく》であった。

波乱含みのなか、十二月、専横《せんおう》でならした天智天皇が崩御《ほうぎょ》する(『日本書紀』に拠れば、享年四十八)。明けて、天武元年=壬申の年(六七二)――大友皇子=後世でいう第三十九代・弘文《こうぶん》天皇の治世を迎える。

偉大な独裁者が死に、朝廷には空隙《くうげき》(すきま)が生じた。が、これは嵐の前の静けさであり、何かちょっとした契機さえあれば、乱はいつ勃発してもおかしくない状況下でもあった。

ときの朝廷=大津京《おおつきょう》を、大海人皇子が慌ただしく去ってから半年余りが過ぎた五月、

「朝廷側に不穏《ふおん》な動きあり」

との知らせが、隠棲《いんせい》する大海人のもとに届いた。

天智陵《りょう》（墓所）造営のためと称して、美濃や尾張から人を集め、朝廷では彼らに武器を与えているという。さらに、吉野への食糧運搬を妨害し始めたとも。

崩御した兄帝と行動をともにしてきた大海人に、比肩できる朝廷の実力者は、すでに鎌足亡きあと存在しなかった。大友と周囲の大海人皇子によせる嫉妬、敵愾心、恐怖――結果としての抹殺《まっさつ》指令が発動されたのだ。このままでは、座して死を待つことになる。

そうはさせぬ、とかくして大海人は挙兵《きょへい》を決断した。

六月二十二日、腹心の舎人《とねり》（護衛と雑役を勤める下級官人）らを美濃国安八磨郡《あはちまこおり》（現・岐阜県安八郡と大垣市の大部分と揖斐郡の南平坦部を含めた地域）へ急派し、

「兵を集めて、不破関《ふわのせき》を塞《ふさ》ぐように――」

と大海人皇子は命じている。安八磨郡は彼に与えられていた土地で、その経済・軍事の基盤でもあった。近江と美濃の国境にある不破関は、中山道《なかせんどう》（当時は東山道《とうさんどう》）の要衝《ようしょう》であり、ここから東側を〝東国〟と呼んでいた。

父の愛情により、子は滅亡の道へ

二日おいて二十四日、大海人皇子挙兵の知らせが近江朝廷側に伝わった、と推測した大海人本人は、一刻の猶予《ゆうよ》もならず、残りの舎人二十余名を率いて吉野を出発し、美濃へ向かう。

一行には妃《きさき》の鸕野讃良《うのさらら》皇女（のちの持統《じとう》天皇〈第四十一代〉）、十歳になるかならないかの草《くさ》壁《かべ》皇子（次男）と忍壁《おさかべ》皇子（四男）をはじめ、十余人の女官も従っていたという。

最初はまさに、逃避行さながらの様相だったが、昼夜を分かたず行軍《こうぐん》をつづけるうちに、加勢の人数が増え、伊賀から鈴鹿《すずか》を越える頃には、軍の形をどうにか整えることができるまでになった。朝廷軍の追手を封じるため、鈴鹿関と周辺の山道に五百の兵を配してもいる。

また、大津京を脱出してきた高市《たけち》皇子（長男・十九歳）とも合流がかない、同じく大津京から逃れてきた大津皇子（三男・十歳）が無事に追ってきている、との朗報も入ってきた。

ますます士気が上がる大海人の軍勢——彼らを最も喜ばせたのは、先に美濃国へ急行させた舎人からの報告だった。三千の兵で彼らは、不破関を塞ぐことに成功したのである。

さらに、以前から大軍を集めていた尾張の国守《こくしゅ》・小子部連鉏鉤《ちいさこべのむらじさひち》が、二万の軍勢を率いて大海人皇子に投降、味方となる幸運にも恵まれた。これによって大海人は、近江朝廷を東国から完全に分断し、大津へ向けて軍を進める下準備ができたのである。

――吉野脱出からわずか四日の、電光石火の早業だった。

この間、近江朝廷は何をしていたのか。当然、「大海人皇子、謀叛《むほん》」の急報は伝えられていた。が、この一報は同時に、上を下への大混乱を引き起こす。聞くなり廷臣の中には、叛乱軍へ身を投じる者、故郷へ逃げ出す者が続出したという。

軍議を開いた大友皇子は、冒頭、すみやかに騎兵《きへい》を出して、大海人皇子一行を追撃すべきです、との意見が出たにもかかわらず、これを採用しなかった。大官《たいかん》の有力豪族たちの戦意が、ばらばらであったことを危ぶんだからだったが、そのため軍議は紛糾《ふんきゅう》する。

結局、大兵力を結集して、敵を壊滅《かいめつ》するという正攻法に落ち着いたのだが、この時点で大友皇子は一番重要な〝時〟を失うという大失策を犯してしまう。東国からの派兵や募兵《ぼへい》には、すでに時機を失《いっ》していたし、吉備《きび》（現・岡山県と広島県東部）や筑紫大宰《つくしのおおみこともち》など遠い西国からは、時間的に援軍は間に合うはずがなかったからだ（しかも彼らの多くは、大海人派でもあった）。

それでも近江や近隣諸国からは、かなりの兵力を集めることができたのだから、敵に倍する圧倒的な兵力とはいかないまでも、ここで素早く大海人軍を討つべく第一波の出撃を仕掛けてしかるべきであった。

七月二日、大海人皇子は結集した大兵力を二隊に分け、長男の高市皇子率いる主力部隊を近江方面へ、もう一隊を鈴鹿から大和方面へと向かわせた。自らは不破関にあって、全軍を後方から統括《とうかつ》する位置に立った。

琵琶湖南岸を進んだ高市主力軍数万（一説に二万）は、大友軍の激しい攻撃をものともせずに連戦連勝、破竹《はちく》の勢いに乗る。一方の大和方面軍は、大友軍に打ち破られる場面もあったが、着実に進軍し、甲賀《こうか》（現・滋賀県甲賀市周辺）から琵琶湖方面へ進んだ。

また、すでに大和では、大海人皇子が吉野を脱出したのに呼応して、かつての雄族・大伴《おおとも》氏が独自に挙兵。飛鳥の古京を防衛しながら、大海人軍が来るのを待っていた。そのため、二千の騎兵は大和まで進んで、大伴氏と合流。大友軍を蹴散らしながら、彼らは難波《なにわ》へと進出した。

これだけ一方的な勝敗になった一因には、大友軍の内紛が絶えなかったこともあげられる。自軍の将軍を兵卒が殺害してしまったり、戦う前に降伏《こうふく》する将軍が現れたりしていた。

つまるところ大友皇子には、年齢と共に実戦の将としての器が備わっていなかった、ということであろう。

七月二十二日、両軍は琵琶湖のほとりの勢多橋《せたはし》を挟んで、いよいよ決戦の時を迎えた。

「旗幟《きし》、野を蔽《おお》いて埃塵《あいじん》天に連なり、鉦鼓《しょうこ》の声数十里に聞こえ、列弩《れつど》乱れ発し、矢の下ること雨の如し」（『日本書紀』）

大友皇子は自ら、出陣していた。西側に陣取った彼の軍は、橋の中央に障害を設けて、大海人の軍勢に橋を渡らせない作戦を採用。ここが、最後の防衛線といってよかった。

日本史英雄の極意

ところが、これを大海人軍が突破、大友軍は混乱をきたして総崩れとなってしまう。一気呵成《いっきかせい》に攻め込む大海人軍。生命《いのち》からがら逃《のが》れた大友皇子は、翌二十三日、山前《やまざき》の地（諸説ある）で自ら首をくくって死んだ。享年二十五。同日、大津宮も陥《おちい》り、焼かれてしまう。

叔父と甥が引き起こした内乱自体は、三週間ほどで終止符が打たれたのだが、その後の歴史に与えた影響は甚大であった。即位して天武天皇（第四十代）となった大海人皇子が、約十年後に出す詔《みことのり》に、その意味するところがはっきりと現れている。

曰く、「凡《およ》そ政《まつりごと》の要《かなめ》は軍事なり」と。軍事力を掌握《しょうあく》する者こそが、国家をも掌握できるのだ、との認識を天武天皇は持ったようだ。

壬申の乱ののち、この天武系の天皇は百年ほどつづき、八世紀末の光仁《こうにん》天皇（第四十九代）にいたって、ようやく天智系が復活する。それにしてもこの内乱、そもそもの発端は、どこにでもある兄と弟の確執――羨望と嫉妬、それに父親の息子への愛情が重なりあったものであった。瞑《めい》すべし、天智天皇、天武天皇――。

蛇足ながら、この内乱に嫉妬の恐ろしさを学んだのが、藤原鎌足の息子・不比等《ふひと》であった。彼は父が四十六歳のときの子で、年齢がいたらずに壬申の乱には参加していなかった。が、藤原氏一族の大半は大友方にあったため、父が一代で築いた地位は、大友敗死とともに粉々となる。新朝廷となってからは、不比等は冷遇され、女帝・持統天皇（第四十一代）の信任をとりつけ、ようやく出世の機会を摑んだ彼は、やがて日本の官僚制度を創る過程で権力を握ったが、不比等はここで、権威と権力をわけることこそが、周囲や敵からの、嫉妬を避けることになると判断し、大悟徹底した。

つまり、権力を握ったらできるだけ表立たないように、名誉や名声をひけらかさないように注意して、権威者の陰にまわって目立つことを慎んだ。そしてこの工夫の結果が、約三百年、日本人に影響を与えることになる、藤原摂関政治を創り出すことになった。

不比等の十代後継の藤原道長のとき、藤原氏は絶頂期を迎えるが、その道長はまだ「関白」ともなっていなかった。位は太政大臣のままであり、彼は天皇家を超える〝力〟を持ちながらも、決して皇室にとってかわろうなどとは考えなかった。そんなことをすれば、見えざる敵からの、嫉妬の集中砲火を浴びてしまう。権威と権力の分離こそが、嫉妬を躱《かわ》す妙策であることを、〝御堂《みどう》関白〟と異名をとったこの男は、よくよく心得ていた。

のちには、天皇―藤原摂関家の下に、「征夷大将軍」が誕生する。この役職はそもそも、不比等の創りあげた律令制度の中にはなかった。大和朝廷が政治・軍事の力を東へ向けたおり、まつろわぬ人々＝蝦夷《えみし》を征伐する目的で設けられたものであり、「令外官《りょうげのかん》」といった。それがいつしか武力＝権力を握るようになり、日本の権力構造は三重となる。

さらには、「征夷大将軍」の一つ・鎌倉幕府の将軍の下には、「執権」という実務職が生まれ、北条氏がこれを世襲するようになり、権力は四重構造となった。

その後も、江戸幕府では「老中」という役職が生まれ、権力は重装されることとなる。

それにしても、ここまで何重にも入り組んだ構造を創らなければ避け得ない、日本人の嫉妬の根深さとは、どのように理解すればいいのだろうか。

明らかなことは、日本人は絶対の君主、独裁者を歴史的に認めない、ということであろう。

次章でみる蘇我入鹿《そがのいるか》も、前述の織田信長も、あるいは明治の元勲であった大久保利通ですら、すべての〝力〟を握った、と世間に思い込まれた人々は、ことごとくが暗殺されている。彼らに知恵を授け、補佐した黒子、黒幕は生き残っているというのに……。

筆者は思う。日本において、真に自らの功を誇り、生命《いのち》ながらえることのできた英雄は、揃って自らの功績の跡を、進んで消すことのできた人物に限られたのではないか、と。

消してしまえば、嫉妬や憎しみの対象にはならないからだ。

第二章

歴史を動かした嫉妬のメカニズム

「大化改新」(乙巳《いっし》の変)も根底は嫉妬

考えてみれば、独裁者・天智天皇が中大兄《なかのおおえ》皇子と呼ばれていたおり、中臣《なかとみ》(のち藤原)鎌足《かまたり》と決行したとされる「大化改新」(乙巳の変)も、そのもとを手繰っていけば、ときの独裁者である蘇我氏への、種々の嫉妬がそもそもの原因であった。

蘇我氏は天皇への畏敬の念——権威と権力を巧妙に分ける配慮——を、入鹿の代に忘れてしまったようだ。そのため、天皇家はもとより諸豪族の羨望と嫉妬を、一身に受けることとなる。天皇をはるかに越える蘇我氏の権勢——この巨権に対する憎しみと怒り、嫉妬がまず、クーデターを起こした側に存在したことは、留意しなければならない。

蘇我氏は馬子《うまこ》—蝦夷《えみし》—入鹿と三代にわたり、国政のライバルを次々と蹴落して、その絶大な権力を継承。舒明《じょめい》天皇(第三十四代)の崩御ののち、その皇后を皇位につけた。推古天皇(第三十三代)に次ぐ、二人目の女帝・皇極《こうぎょく》天皇(第三十五代)の誕生である。

——皇極元年(六四二)はすなわち、「大化改新」の三年前にあたった。

このとき、舒明には古人《ふるひと》皇子と中大兄皇子があり、加えて舒明と皇位を争った山背大兄王《やましろのおおえ》(聖徳太子こと、厩戸《うまやど》皇子の子)の、三人の皇位継承資格を持つ男子がいた。

が、ちょうど三者三竦《さんすく》みの状態となっており、とりあえず皇極の登場となったわけだ。

この演出をなしたのは、蝦夷―入鹿父子であったが、温厚な父に比べてその息子は、二十四年間の留学を終えて帰朝した学問僧・旻《みん》をして、周易（古代中国の周代におこなわれたとされる占いの法＝広い意味での政治学）の門下生・中臣鎌足とともに、双璧にあげられるほどの秀才であった。

隔絶した家柄に加え、頭脳明晰の入鹿は、傲慢《ごうまん》で強気、自尊心が強く、およそ他人に譲るという協調性のかけらも持ちあわせていない――まさに、嫉妬される人物の見本のような男であった。この独裁者が皇極二年（六四三）、朝廷最高の「紫冠《しかん》」（古代におこなわれた冠および位冠のなかでも最高のもの）を授けられ――すなわち大臣《おおおみ》（のちの左大臣）に就任すると、すぐさま山背大兄王を圧倒的武力で攻め滅ぼす。

興味深いのは、このおり山背の側近の一人・三輪文屋君《みわのふんやのきみ》は、東国に脱出して兵を募れば勝てます、と進言していた点であった。すでに第一章でみた〝壬申の乱〟で、大海人皇子が採用した作戦と同じであったのだが、山背大兄王は勝つかもしれないが民衆に迷惑をかけたくない、とあえて自滅の道を選んだ。心底、優しい人柄の皇位継承資格者であった。

古人皇子は入鹿に、次の皇位継承者に指名されて古人大兄王《ふるひとのおおえ》となる。ちなみに、この「大兄」という称号こそが、当時、次の大王＝天皇となる人物を表わすものであった。

入鹿は朝鮮半島の三国（高句麗《こうくり》・新羅・百済）に対する積極策、仏教興隆策などを次々と打ち出し、一方では壮大な飛鳥板蓋宮《あすかのいたぶきのみや》を建設。地方政治の整備なども強引に推し進め、自らの地位を確固たるものにしていく。

当然、その強引なやり方は、華々しい業績を重ねる一方で、合議《ごうぎ》を重んじる当時の豪族たちには、多大な反感を抱かせた。傍目には、臣下の分を逸脱する行為――入鹿は、天皇に取ってかわるつもりではないか――との疑念、憶測まで飛びかった。

なかでも入鹿の存在を疎《うと》ましく思っていたのが、中大兄皇子――正確には葛城《かつらぎ》皇子（大化改新後、中大兄となる）であった。

なにしろ葛城皇子は、古人以上に次期皇位継承者に選ばれる可能性が高かったのだから。葛城は舒明天皇の嫡子《ちゃくし》であり、何より皇極《こうぎょく》女帝を母とする、申し分ない血筋であった。

しかし、入鹿はあえて古人大兄皇子を指名した。古人大兄皇子は葛城の異母兄、その母は蘇我氏の出であったからだ。葛城皇子にとっては、面白いはずがない。

そういえばフロイトは、嫉妬について「競争心による正常な嫉妬」「投影された嫉妬」「妄想的な嫉妬」といった層のあることを指摘していた（井村恒郎訳『フロイト著作集』第六巻）。

競争心による嫉妬は、人間なら誰もが持っているもの。物事の発展・発達には不可欠ともいえる。

「妄想的な嫉妬」と「大化改新」の動機

ところが「投影」となると、片方が持った願望をライバルに投影して、それを激しく攻めることにより、自分にはそうしたやましい欲望はないようなふりをするもの。

葛城が投影した嫉妬の対象は、この古人大兄であったろう。次期皇位にふさわしくない、と己れの欲望は隠して、古人の至らなさを思い、内心で攻め、一方で自己弁護するわけだ。

もしかしたら三つ目の、具体的な根拠のない、「妄想的な嫉妬」であったかもしれない。こちらならより病的であり、悪くすれば医者が必要となる領域となる（関連〝嫉妬妄想〟については、第三章参照）。

なにしろ葛城皇子は、儒学を学ぶべく通った南淵請安《みなぶちのじょうあん》（もと留学生《るがくしょう》）の門下生として、優秀であり、極めて自己主張の強い性格であった。そのため周囲に人気がない、というマイナスを抱えてはいたが。併せて、権力志向の強烈な入鹿と、葛城は酷似していたが、権力を持たない葛城皇子は、わずかにわが身を引いて、客観的に物事を考える冷静さを残していた。

無論、このままでは皇位どころか、世上に無視され、忘れさられた存在になりかねない、との思いは強くもっていたであろう。

自分は古人大兄王に比べて、決して劣る人間ではない。古人大兄の皇位継承には納得できない。もし、それを許せば、入鹿に皇位も奪われてしまう。

葛城皇子は自分の思いを、「合理化」して行く。結果、

「何としても、入鹿を除かなくてはならない」

となる。

とはいえ、一人では何もできない。そんな葛城に接近してきたのが、入鹿打倒に燃える正義漢の固まり、中臣鎌足であった。彼は真に、朝廷の行く末を憂いでいた。

このままでは倭《やまと》（日本）そのものが、アジアの外交・軍事の中で埋没しかねない。否、滅ぼされてしまうかもしれない、との強い危機感を抱いていた。

鎌足は当初、舒明天皇の甥で、皇極女帝の弟でもある軽《かる》皇子（のちの第三十六代・孝徳《こうとく》天皇）を、密かに打倒入鹿の旗頭に仰いだ。軽は斑鳩宮《いかるがのみや》に山背大兄王を攻撃した入鹿の軍勢の中にいた人物でもあり、この時、五十歳。当時の皇族中の長老であったが、鎌足はその年齢のわりには今一つの器量に、あきたらなさを感じ、やがて葛城皇子へと近づいていく。

歴史の名場面として後世に伝えられた、法興寺《ほうこうじ》の蹴鞠《けまり》の会――葛城の脱げた鞋《くつ》（靴）を鎌足が拾って捧げ、これを機会に二人は親密になった、との挿話（『日本書紀』）は、そのままには信じ難い。が、鎌足も南淵請安の門下であったから、二人は蹴鞠ぐらいしたことがあったかも

しれない。

葛城皇子と親しくなった鎌足は、この皇子に入鹿への憎しみ、抹殺への思い＝殺意のあることを確認、具体的なクーデターの準備を着々と進めていく。


陰謀においては不抜の気概《きがい》が勇気を支えなければならない。これに対して戦場の危険に際して必要な度胸は、勇敢さだけで充分こと足りる。（ラ・ロシュフコー『箴言集』）

まず、実兵力がいる。鎌足は蘇我氏に次ぐ勢力を誇った阿倍（のち安倍）氏の阿倍倉梯麻呂《あべのくらはしまろ》に接近して、これを味方に引き入れ、ついで蘇我氏を分断するためもあり、入鹿の従兄弟《いとこ》にあたる蘇我石川麻呂《そがのいしかわまろ》を誘った。共に二人は、入鹿に対して嫉妬、恐怖と怒りの感情を抱いていた。そしてクーデターのトップに担いだのが、軽皇子であった。彼は葛城皇子に比べ、朝廷内での人望が厚く、人柄も温厚で、なにより敵がいない。

こうして、入鹿暗殺陣営の準備は整った。

ターゲットの入鹿本人は、相変わらず慢心している。皆目、そうした不穏な企てが待ち構えていることを察知していない。彼は何の疑いも持たずに、ワナである飛鳥板蓋宮に出向いた。

嫉妬心に殺された蘇我入鹿

皇極天皇の四年（六四五）六月十二日、そぼふる雨のなか、蘇我入鹿は三韓進調《さんかんしんちょう》の儀式に参加するため、飛鳥板蓋宮に出かけていく。

この三韓進調の「三韓」とは、高句麗・新羅・百済のことで、これら三国が調《みつぎ》――天皇への献上品――を差し出す儀式が、三韓進調の儀式と呼ばれていた。

当時、権勢を欲しいままにしていた入鹿が、このような儀式に出席を要請されるのは、きわめて自然なことであった。が、日頃、豪族たちの反感を買っていることを承知していた彼は、屋敷の周囲に柵《さく》を巡らせ、多くの兵士に警護をさせていた。外出時にも数十名の屈強な護衛を連れており、また、入鹿自身も剣《つるぎ》を持ち歩いている。そのため、普通の状況ではこの人物を暗殺することは難しかった。

入鹿の周囲から兵士、武器を取り除く状況をつくり出すことが、クーデターを成功させるための、必須条件となる。警護の兵士たちは、儀式場に入ることは許されない。

また、儀式に先立ってクーデター側は、入鹿自身の剣をも取り上げることに成功していた。

その方法について『日本書紀』は、朝廷内の俳優《わざひと》（朝廷内で滑稽《こっけい》なしぐさで歌舞をおこなう役目の者）が、鎌足の命を受けて入鹿に近づき、言葉巧みに剣を奪った、と伝えている。

「三韓の人々は臆病で、剣を怖がっております。お預けください」

と言ったとか。あるいは、下役人に追われる仕種で俳優が近寄り、

「あの者たちに、悪さをされて困っております。どうか、剣をお貸しください」

と言って入鹿の剣を受け取り、

「――これは今をときめく大臣《おおおみ》の剣ぞ」

と、下役人を追いまわしたなど、いくつかの挿話がある。

いずれにしても、護衛の者に加え、自身の剣をも失って入鹿は、すっかり丸腰にされてしまったわけだ。さらにこのとき、朝廷内に通じる十二の門はすでに、堅く閉ざされていたのだが、袋のねずみの入鹿本人は知るよしもなかった。いよいよ、儀式が始まる。

計画では、蘇我石川麻呂が文書を読み上げている間に、刺客《しかく》二人が切り付けることになっていたのだが、入鹿の貫禄に怖じ気づいた刺客たちは、なかなか飛び出そうとしない。

そうこうするうち、読み上げる文書が終わり近くになってしまった。不安に駆られた石川麻呂は、汗を流し手を震わせ、次第に文書を読む声も怪しくなってくる。

「なにゆえ、そのように震えわななくのか」

不審に思った入鹿が、かたわらから問うた。

同じような場面が、古代中国の秦王政《しんおうせい》（のち始皇帝）を暗殺しようとした、燕の刺客・荊軻《けいか》にもあった。

「風は蕭々《しょうしょう》として易水《えきすい》（現・中国河北省を流れる川）寒《さむ》し　壮士一《ひと》たび去って復《ま》た還《かえ》らず」

と歌い、颯爽と暗殺に出向きながら、秦王はあわよくば生かしたまま捕らえて、燕に押し付けた大国秦の、無茶な約束を反故にしよう、などと欲＝雑念を持ったため、荊軻は暗殺に集中できず、逆に秦王に斬られてしまった。

石川麻呂の心中は、いかに——彼は苦しい弁解を返す。

「天皇《おほきみ》のそば近くにおりますので、つい緊張して汗を流して震えてしまいました」

まさに、その時であった。なかなか飛び出さない刺客に業《ごう》を煮やした葛城皇子が、みずから刀を抜いて入鹿に切りかかったのである。このあたりが、この皇子の持ち味であったかもしれない。不意を突かれ、また剣を持たない入鹿はなす術もなく、深手を負ってしまった。

しかし、事ここに至っても、彼にはまだ事態の深刻さがのみ込めていなかったようだ。てっきり、天皇が自分を陥《おとし》れようとしたのだ、と思い込んだ。入鹿は儀式に参列していた皇極天皇のもとに這《は》い寄って、問い質す。

「なにゆえ、この私をお討ちになるのですか。理由をお聞かせ願いたい！」

苦しい息の下から、声をふりしぼった。

無論、目前で繰りひろげられる惨劇《さんげき》を、皇極天皇は事前に何一つ知らされていない。斬られた入鹿に問われて、わが子・葛城皇子に叫んだ。

「いったい、これはなんとしたことか。何ゆえに、このようなことをしたのですか」

これに対して葛城皇子は、明快に答えた。

「入鹿は天皇一族を滅ぼし、国を傾けようとしていたのです」

これを聞いて皇極天皇は、それ以上、何もいわずに奥の間へと去っていった。

入鹿に逃げ場はなく、殺害された彼の遺骸《いがい》は、おりからの雨にぬかるんだ大殿《おおとの》（邸宅）前の中庭に、これみよがしに打ち捨てられたという。上からは、筵《むしろ》一枚がかけられただけであったとか。独裁者の最期は、その権力の大きさゆえにか、あまりにも痛々しい。

とばっちりで粛清された古人大兄王《ふるひと》

――クーデターの第一幕は、どうにか成功裡《り》に終わった。

だが、これですべてが成就したわけではない。

その後、葛城皇子たちは飛鳥寺《あすかでら》に陣を構え、入鹿の父・蝦夷《えみし》を中心とする蘇我氏の軍勢来襲に備えた。敵は倭国一巨大な豪族である。戦って勝てる確証など、クーデター側にはなかった。

彼らは蘇我氏の手足をもぎとるように、まず、蘇我氏の派閥に属する東漢《やまとのあや》氏を説得。兵を引かせることに成功した。形勢はあっけなく、逆転する。

察するに敵の中にも、巨大な蘇我氏宗家の独裁権力に、内心、激しい嫉妬、憎悪や敵意を抱いていた者が少なくなったようだ。天皇はクーデター側が擁している。大義名分は向こうにあった。不利を悟った蝦夷は、性格的なやさしさもあり、あえて戦うことなく自決して、クーデター計画はここに成就《じょうじゅ》する。

この一挙により、蘇我氏専制による政治支配は終わりを告げた。

入鹿に擁立された古人大兄王は法興寺で髪をおろし、僧形《そうぎょう》となって吉野山へ入り、危険がわが身に及ぶのを避ける。その後、皇位についた軽皇子＝孝徳天皇を中心に、政治改革が断行されることになるのだが、嫉妬の連鎖はその間もとめどなく広がり、粛清はつづいた。

なにしろ、この新政権は船出から安定性を欠き、波乱含みであったからだ。

普通に考えれば、葛城改め中大兄皇子が、そのまま母である皇極天皇の譲位を受けてしかるべきであったにもかかわらず、彼は皇位につかず、あえて孝徳天皇誕生をリードしている。なぜか、これは慎重を期した中大兄が、クーデターで惑乱している豪族たちの人心を収拾するために、取りあえずとった処置であった可能性が高かった。

つまり、入鹿に取ってかわった、と嫉妬の目を自分に向けられることを、中大兄は避けたかったのである。彼はわが身を半歩、権力から引いた。

表面上、権力はそれまでの大臣《おおおみ》・大連《おおむらじ》に代わって、新たに新政権で設置された左大臣《ひだりのおおまちぎみ》と右大臣《みぎのおおまちぎみ》に集まることとなる。この二つのポストには、クーデターの功労者・阿倍倉梯麻呂と蘇我石川麻呂が任命され、真の首謀者ともいうべき鎌足は、目立たぬように内臣《うちつおみ》という地味なポストについた。彼も、嫉妬の恐ろしさを自覚していた。さすがは、のちの権力者・藤原不比等の父だけのことはある。

新しい朝廷の、新しい実力者となった左大臣と右大臣は、揃って孝徳天皇の妃に娘を入れ、朝廷の権力を二分。そのバランスを鎌足がとり、その上に実兵力を持たない中大兄皇子が乗ることによって、新政権は一応のすべり出しを見せた。

孝徳天皇については残念ながら、最初から、いわば飾りのようなものであったといってよい。ただ、本人がそうした自分の立場を自覚し、その分限を弁《わきま》えきれるかどうか、これはまったく別の問題であった。孝徳にもプライドはあったのだから。

あまりうちとけ過ぎる人間は尊敬を失いますし、気やすい人間はばかにされますし、むやみに熱意を見せる人間はいい食いものにされます。(バルザック『谷間のゆり』)

――組織における身の処し方は、古今東西を問わずに難しい。

吉野に逃れて戦々恐々としていた古人大兄王は、やはり粛清されてしまう。新政権が後顧の憂いを慮ったのであろうが、この人物にはそもそも、謀叛を企てる意図などなかったろう。それ以前においても、大それた野心などなかったはずだ。だからこそ、入鹿の御輿《みこし》に担がれたともいえる。

が、現実は恐ろしい。いわば、とばっちりで殺されたようなものであった。

嫉妬の連鎖はつづく

都はそれまでの難波《なにわ》の行宮《かりみや》〈仮住まい〉から、六年の歳月を費やした難波宮＝難波長柄豊碕宮《なにわのながらのとよさきのみや》（現・大阪府大阪市の上町台地の法円坂一帯）へ移され、大化二年（六四六）正月には新政の四つの項目――大化改新の詔《みことのり》（天皇のことば）が発せられた。

公地・公民の原則とその支配体制について語ったものだが、新政権の政策はともかく、大化五年三月十七日、阿倍左大臣倉梯麻呂が病いで死去し、その十日後、突然、蘇我右大臣石川麻呂による中大兄皇子暗殺計画が、石川麻呂の弟である蘇我日向《ひむか》によって密告され、石川麻呂が妻子八人とともに自殺する事件が起きる。

このおり、多くの殉死者が出た。蘇我石川麻呂は生真面目で、誠実な人物であったように思われる。中大兄の妻の一人は、石川麻呂の娘であり、この岳父は先のクーデターの功労者であった。にもかかわらず、中大兄皇子はこれを死に至らしめた。

不可解なのは、関係者の大量処刑が一段落した時点で、なぜか、石川麻呂の謀叛の企ては事実ではなかった、という発表がなされ、今度は中大兄による、日向の大宰府《だざいふ》への左遷が決裁される。日向は蘇我氏の勢力を握ったものの、〝三日天下〟に終わってしまった。

――すべては、中大兄皇子が仕組んだ陰謀であったろう。

それにしても、勝利の祝杯を同志が揃って手にするのは難しいもののようだ。嫉妬で敵を倒しても、嫉妬が消えるのはほんの一時《ひととき》で、この負の感情は蘇り、今度は仲間、同志のうちへと向けられる。

人と共にして失敗した責任を分かち合うのはよいが、成功した功績は共有しようとしてはならない。共有しようとすると、仲たがいの心が生じてくる。（洪自誠《こうじせい》『菜根譚《さいこんたん》』）

筆者は、同志であったはずの中大兄と石川麻呂の間に、新政権発足による運営をめぐって、意見の相違、感情の行き違いが生じ、それが広がった結果が、この一連の発端だった、と考えてきた。

なにより中大兄皇子が警戒したのは、蘇我石川麻呂のもつ勢力と人望、とくにはその実兵力であった。中大兄には、自由に動かすことのできる私兵が一兵もない。阿倍倉梯麻呂の存命中は、それでもよかった。石川麻呂と双方が互いを牽制していたから。だが、一方の左大臣が亡くなれば、朝廷の権力は右大臣に集中することとなる。

「これでは、第二の入鹿を創ったようなものだ」

中大兄皇子は思い、かつての同志に嫉妬し、焦りを感じたことであろう。

一方の蘇我石川麻呂にすれば、かつての入鹿と同様、日本最大の豪族代表となった己れへの自負心もあったろう。クーデターの謀主とはいえ、実兵力をもたない中大兄皇子に、そうそういつまでも、頤《あご》でこきつかわれるのは我慢できない、との感情は十二分に考えられた。

――すでに、前兆はあった。

大化四年に、新しい冠を与えようとした中大兄に対して、石川麻呂はそれを公然と拒否して、あえて古い冠を着用しつづけたことがある。この右大臣に我意があったかどうか。しかし、中大兄はこの時、己れの命令に従わなかった右大臣に警戒心を抱き、その実力に嫉妬、恐怖したことは間違いない。

上に立つ者は常に、下にいる実力ある者を警戒しているものだ。

こうしたときに思い出す人物に、中国の春秋時代後期、越王勾践《こうせん》を扶《たす》けて、宿敵の呉を滅ぼした名臣・范蠡《はんれい》がいた。

「天《てん》勾践を空《むな》しゅうすること莫《なか》れ、時《とき》に范蠡無《な》きにしも非《あら》ず」

と日本の南北朝時代の発端をつくる、後醍醐天皇（第九十六代）がいまだ、〝建武の中興〟を成す以前、挙兵したものの力及ばず、鎌倉幕府にとらえられた〝正中《しょうちゅう》の変〟のおり、忠臣・児《こ》島高徳《じまたかのり》が陰ながら、後醍醐を励ましたセリフでも、范蠡の名は知られていた。

彼は、会稽山《かいけいさん》において呉王・夫差《ふさ》から、主君・勾践がうけた屈辱をはねかえし、見事、その復讐、宿願成就を助けながら、その後、心中深くに期する。

「満つれば欠くるが世の習い、大いなる声誉《せいよ》（よい評判）の下には、長くとどまってはいけない。必ず、災難にあうことになる――」

前述の洪自誠の言である。

見事な出処進退を示した范蠡《はんれい》

范蠡は、主君の望みが達せられた今こそ、お暇を頂戴したい、と申し出た。

越王勾践は当然のごとく驚き、その大功を改めて誉めそやし、

「待遇に不満があるなら、いくらでもいうことを聞くから、どうか去るなどといわないでくれ。もし、どうしても去るなどというのであれば、余は卿を誅さねばならなくなる」

となだめ、すかした。

だが、范蠡の決意は固く、彼は用意周到に準備し、家族と財産をもって速やかに、遠方の地に旅立ち、姿を消し、名を変えて、改めての人生の再スタートを切った。新天地でも范蠡は、商人として大成功したという。

彼は、〝心友〟で同志でもあった大夫（家老）・文種《ぶんしょう》に密書を送り、急ぎの亡命をすすめた。

「勇略、主《しゅ》を震わす者は身危し。功、天下を覆う者は賞せられず。足下（文種）のためにこれを危ぶむ」

さらに、越王の人となりを「長頸烏喙《ちょうけいうかい》」（頸が長くて唇の色が黒ずんでいる）と評し、こういう人相の人物とは、苦難をともにすることはできるが、成功を互いに喜び合い、富貴をともにすることはできない。かならず嫉妬され、よからぬことになるから、貴殿も早々に立ち去る方がいい。下手に未練を残すと、必ず身の破滅になるぞ、とつけ加えた。

しかし文種は、〝心友〟の忠告に耳を貸さなかった。無理もない。范蠡がいなくなったことにより、主君勾践の文種への依存は増していた。王は自らの衣服をこの臣下に与え、同じ食事をとらせ、それまで以上に厚遇している。

「我、豈《あに》利にむかって義に背くべけんや」

なるほど、これほど大切にされたならば、文種は主君に忠義を働かねばなるまい。彼は残った。が、歳月の経過は范蠡の言に軍配をあげる。

人間は環境で変わるもの。いつしか慢心した王は、ナンバーツーの文種を疎《うと》ましく思うようになり、それに文種の地位に向けられた同僚・部下の妬みが加わった。

面白くない文種は、病と称して出仕しなくなる。周囲はここぞとばかりに誹謗中傷をしかけ、あることないこと、文種が密かに叛乱を企てている、とまでいい出し、それを勾践の耳に入れた。

勾践も、名君である。当初はまったく信じず、受けつけなかったが、肝心の文種は相変わらず出仕してこない。誹謗中傷もやまない。こうなると、数はつねに力であった。

「衆心《しゅうしん》は城を成し、衆口《しゅうこう》は金を鑠《と》かす」（伝・左丘明《さきゅうめい》『國語《こくご》』）

という。

大勢の人間が心を通わせあえば、城を築くほどの大きな力を発揮する。と同様に、大勢の人間が口裏を合わせれば、金をも溶かすほどの威力となる。「衆口」は、人のうわさや非難・中傷の類をいう。

すでに、忠義の士を心から必要とする危機は去り、倒さねばならない強敵もいなくなっていた。勾践はそれでなくとも、自負心の強い男であった。あまりにも多くの人々がくり返し、くり返し述べる文種への疑惑に、つい誹謗中傷される大夫にも責任がある、と思いはじめ、ときには「まさかな」、否「あるいは」と疑心暗鬼となってしまう。

こうした疑念は、広がることはあっても小さくなることはない。越王はついに、この忠臣に「属鏤《しょくる》の剣」（伝説の名剣）を贈った。これで死ね、という意味であった。

置き去りにされ、妻をも奪われた孝徳天皇

歴史には東西を問わず、功業成って収穫期に入ると、かつては下へも置かないほど大切にした功臣を、あっさりと処分する事例は無数に存在した。上司の身勝手、保身がその理由であることはいうまでもない。前出の蘇我石川麻呂も、その一例に過ぎなかった。

——年号が、「白雉《はくち》」に改められた。

これは明らかに、中大兄皇子の安堵を表わしていたように思われるのだが、この一安心も束の間、再び悲劇が引き起こされた。白雉四年（六五二）に入ると、孝徳天皇と中大兄の不和が表面化したのである。

「都を大和へ移したい——」

といい出した中大兄皇子に、孝徳が珍しく嫌だ、と明解に拒絶したのである。

孝徳の言も、理解できなくはなかった。なぜ、大和なのか。今もって具体的な理由は知れていない。勘繰《かんぐ》れば、蘇我氏の実兵力を掌握した中大兄が、名実共に実力者となった自分に、敬意をはらわなくなった〝飾り〟の天皇に、身のほどを知らしめようとした、とも受け取れる。

この頃になると、孝徳も下位の中大兄への嫉妬を募らせていたようだ。

そもそも嫉妬が起きる可能性については、心理学上、次の四つの条件が考えられた。

一、自分の立場を脅かしかねない者が現われたとき

二、閉鎖的な社会、人間関係の中において

三、兄弟や夫婦など、身辺な者に対したとき

四、異性よりも同性に接したとき

孝徳天皇の場合、四つとも中大兄皇子にあてはまった（二人は叔父甥の関係にあった）。

孝徳が嫉妬しない方がおかしい、ともいえた。が、その感情を悟られるには、相手があまりにも悪かった。強すぎる、というべきか。

中大兄の反撃、高圧的なデモンストレーションは、きわめて露骨なものであった。母の皇極

上皇や弟の大海人皇子をはじめ、公卿・大夫・百官ことごとくを率いて、飛鳥川のほとりの川辺に、行宮をもうけ、ここに遷都を断行したのである。

このおりの孝徳天皇にとっての最大の屈辱は、自身の皇后である間人皇女《はしひと》（中大兄の同母妹）までもが、夫を捨てて兄とともに大和へ移ったことであったろう。

去っていった妻へ、孝徳が送った嫉妬のこもった怨念深い歌が残されている。

金木《かなき》（鉗《くびかせ》）つけわが飼ふ駒は引き出せず

わが飼ふ駒を人見つらむか

そのままに読めば、厩《うまや》のなかに繋《つな》いでいる、わたしが飼っている馬（駒）は、引き出すこともせずに大切に飼っているから、その駒を見ることができる人はいないだろう、というような意味になる。が、皇后を愛馬にたとえれば、自分の意に背いて難波宮を出た妻を、かどわかして連れ去った中大兄への、恨みを述べた歌となる。

なにしろ、右の歌の「見る」は、古代、男女間のとくには夫婦の契《ちぎ》りを結ぶ、との意味を持っており、これをあてはめれば、中大兄はとんでもないことをしたことになる。つまり、孝徳の最愛の妻を奪ったことになり、天皇にすれば、

「お前は私を捨てて、あの男のもとに走ったのか……」

という、妻への激しい嫉妬を含んだ意味合いともなった。

孝徳天皇にとっては最大の屈辱、失意、怒りであったろう。今風にみればイジメそのものとも受け取れる。だが、ここまで孝徳を追い込んだ中大兄皇子も、決して無傷ではすまなかった。

嫉妬の反射を受ける中大兄皇子

敏達《びだつ》天皇（第三十代）と推古女帝がそうであったように、当時は異母兄妹の結婚は一般に認められていた。が、同母兄妹間の結婚となると、さらなる古代ではあり得たであろうが、この頃——先進国の唐に追いつくべく、律令制を整えていた倭国にあっては、さすがに同父母の兄妹は、天皇家において、事実婚は見て見ぬふりは許されても、正式の婚姻は認められなかった。

それこそ、未開人のそしりを受けかねないからだ。ところが、中大兄はこのタブーを犯してしまった。そのため彼は、自ら奪った間人皇女と暮らしている限り、正式に天皇の位につくことが叶わなくなったのである。

ニーチェはいっている。

真の男性は二つのものを求める。危険と遊戯である。だからかれは女性を、もっとも危険な玩具《おもちゃ》として、求める。（『ツァラトゥストラはこう言った』）

男子の本懐――わからなくもないが、それにしても中大兄のデモンストレーション、ダメ押しは、自身にとって高くついたように思われてならない。

彼はなぜ、このような暴挙、実力行使に出たのだろうか。心底は孝徳の己れに向ける怒り、嫉妬に耐えられなくなったことが考えられる。嫉妬は反射する。のみならず、嫉妬への怒りは増幅され、しっぺい返し（しかえし）は酩酊《めいてい》をともない、酔っ払いや喧嘩によくあるケースで、ブレーキが利かなくなる。ゆえに降り積もる嫉妬は、ときに殺意行為に及ぶことも――。

孝徳にすれば、それでなくとも〝心〟は弱っていたはず。なにしろ姻戚であり、最も頼りとしていた阿倍倉梯麻呂（病没）と蘇我石川麻呂（自害）を、二人ともに失ったことで、その権威は蜃気楼のように頼りないものとなってしまった。

その危うさが高じて、天皇を無視して自由気ままに振る舞う中大兄を許せなくなったにちがいない。否、このままでは自らの地位が危ない、と当然、考えいたったであろう。

しかもその宿敵は、己れの権力を誇示し、あろうことかわが妻までも奪って、天皇の権威のことごとくを否定し、大和へ持ち去っていったのだ。

孝徳天皇の怒りと悲しみ、凄まじいばかりの嫉妬心は、察するにあまりある。彼はついに退位を決意したが、歴史の皮肉はそれをも果たせぬうちに、その身を病床に臥させたことであったろう。

苦しみは人間を強くするか、それともうち砕くかである。その人が自分のうちに持っている素質に応じて、どちらかになる。（ヒルティ『幸福論』）

孝徳は、苦しみにうち砕かれてしまった。中大兄がここで、とどめを刺したのである。なんと彼は、打ち拉《ひし》がれる天皇のもとに間人皇女をつれて、その見舞いに難波宮を訪れたのだ。これ以上に酷《ひど》い仕打ちはなかったろう。白雉五年（六五四）十月十日、孝徳は全身に恨みを抱いたまま死んでいった。

その死を見届けたのが、孝徳天皇ただ一人の男子・有間《ありま》皇子であった。母は左大臣・阿倍倉梯麻呂の娘・小足媛《おたらしひめ》で、皇子はこのとき十五歳であった。

その心情は、いかばかりであったろうか。当然、朝廷内の実力でいけば、次の天皇は中大兄皇子であってしかるべしであった。が、天皇の位には皇極上皇が再び、斉明《さいめい》天皇としてついた。退位した天皇がもう一度、皇位につくという、日本史上、初めての出来事がこれである。

もとを質せば、行き過ぎた中大兄の仕打ち、孝徳との嫉妬の浴びせ合いに根本があったといえる。孝徳天皇も前章の明智光秀も、己れの追いつめられた境遇から降りる、という選択肢はなかったのだろうか。傍観者としての立場ではそう思うのだが、実際に当事者となれば、そうはいかなかったのであろう。

歴史は、その事例をいくつも持っていた。有間皇子も、その一人となってしまう。

有間皇子を救った転地療法

孝徳は無念の涙を呑んで崩御したが、後世の菅原道真のように雷《いかづち》となって、中大兄皇子に災いを降らせたりはしなかった。

天界から中大兄を見下ろして、おそらく孝徳は溜飲を下げ、平穏を取り戻したのであろう。くり返すようだが、間人皇后を奪って妻としたことにより、中大兄皇子は天皇になれなくなったのだから。ちなみに、このタブーを彼が権力をもって強引に破ったならば、今度は神仏を巻き込んでの大バッシングが起きたであろう。さしもの中大兄も、これには手を出せなかった。

なんと彼の皇太子時代は、二十三年の長きにも及ぶ。こののち天智天皇に正式即位するのは天智七年（六六八）のことであり、その三年前に間人皇后が亡くなって、ようやくのことであった。孝徳天皇の、唯一の復讐ともとれなくもない。

この現実をもって、有間皇子は善《よ》し、とすべきであった。少なくも、自らが中大兄に挑み、取って替わってやろう、などとは考えるべきではなかった。

ところが、孝徳の崩御で行き場を失った民衆や豪族による、中大兄に関する反感や不平・不満の声＝陰口が、有間のもとへ持ち込まれる。彼も立場上、もし自分が天皇になったならば、とつい考えてしまった。

なにしろ自分には、皇位継承の資格があるのだから。加えて、義理とはいえ、母を奪われた恨みもある。

中大兄にむける憎しみは、嫉妬の炎をいやがうえにも燃えあがらせた。が、悔しいかな実力で有間はこの権力者を倒すことがかなわない。

天皇の位にあった父ですら、勝てなかった相手である。


要望と現実とをすりかえてはならない。無いものはあくまで無いのだ。率直に先ずそれを疑視することから始めるべきだ。（『林達夫評論集』）

右の評論家の言は、その通りなのだが、生身の人間は往々にして、その「凝視」（目を凝らしてじっと見つめること）ができない。むしろ、自らを追いつめてしまう。

ほどなく有間皇子は、

「性黠《さと》し、陽《いつわ》り狂《たぶ》れて」（『日本書紀』）

といわれるようになる。

これは狂気を発したというのではなく、今風にいえば強度の神経衰弱、ノイローゼとなったのであろう。そういえば、フランスの作家ロマン・ロランはいっている。


人は望むとおりのことができるものではない。望む、また生きる、それは別々だ。くよくよするもんじゃない。肝腎《かんじん》なことは、ねえ、望んだり生きたりするのに飽きないことだ。

（『ジャン・クリストフ』）


飽きても、劣等感に鈍感な者はいい。自殺したりはしないから。

しかし自らを追い詰める者は、精神の均衡を失い、鬱《うつ》を発することとなる。さらに同じ場所に居つづけていると、病は膏肓《こうこう》（救うことのできない状態まで深入りすること）となる。最悪、自殺の可能性が生じた（追いつめた相手を殺して、自分も死ぬという選択肢もあるが）。

歴史的にみて、それでなくとも日本人は鬱になりやすいように思われる。

自らのいたらなさを猛省し、憂愁の気に自身を追いつめた有間皇子は、実にあぶなかった。そのまま現状の中にあれば、彼は間違いなく自決していたであろう。

精神の平衡を取り返すために、昔からもちいられてきた方法に、「転地」——環境を変えること——があった。転地療法とは良くいったものだ。

紀伊国牟婁《むろのゆ》温湯（現・和歌山県白浜温泉の隣り、湯崎《ゆざき》温泉）に出かけて、しばらく当地に滞在した有間は、気の病をどうにか克服することに成功した。

罠に陥った有間皇子

彼はしばらくの間、ここに留まるべきであったろう。

だが、誠実な人柄の有間は使命感に燃え、これまでの時間を取り戻すべく、斉明三年（六五七）の秋、中大兄皇子の待つ飛鳥の都へ戻ってしまう。この飛鳥の都への、正式な遷都は斉明元年のことであった。

都へ有間皇子が帰った翌年（六五八）の正月、ときの右大臣・巨勢臣徳陀《こせのおみとくたの》（徳太）が六十六歳で死去した。彼は若い頃、蘇我入鹿が山背大兄王を斑鳩宮に攻めたとき、その軍勢に加わっていたが、その後、中大兄皇子につき、クーデター派が入鹿を暗殺したおりには、武闘派の東漢氏らを説得するべく、使者に立って成功した功臣でもあった。

中大兄には得難い忠臣であったが、彼はその後任を諸豪族の中から選ばず、自らの実弟である大海人皇子を、朝廷に参画させる処置をとった。そのため大臣ポストに既得権をもつ豪族たちが、一斉に騒ぎ出す。

同年四月、内政の不安をよそに、阿倍比羅夫《ひらふ》が百八十艘の大船団を率いて、蝦夷征討に出発した。内政が閉塞《へいそく》した時、為政者への不平・不満が高まった時、人々の目を外に向けさせるのは支配者の常套手段であった。

しかし、自らの判断＝大海人の登用が諸豪族から批判され、反発を受けているのは確かで、中大兄はおそらく、自身がかつて蘇我氏打倒のクーデター計画を練りはじめた年齢＝十九歳に、有間皇子が到ったことに、心がふるえるほど恐怖を覚えていたであろう。

嫉妬心が強くなるのは、自我意識が発達し、他者との比較に敏感になる思春期以降と相場は決まっていた。また、殺《や》った者は、殺《や》られた者の幻想に怯えつづけるものだ。

豪族たちが鳴動する中、中大兄は斉明天皇とともに牟婁温湯に出かける。

このタイミングで突然、蘇我赤兄《あかえ》が密かに有間皇子を訪ねてきた。

――ここが、〝切要《せつよう》〟(かんじんかなめ)であった。

やって来たこの男は、かつて権勢を誇った蘇我石川麻呂＝「大化改新」の功臣と、この兄を讒訴《ざんそ》した日向《ひむか》の下の、弟にあたる人物。この頃は、大豪族・蘇我氏の長老となっていた。

赤兄は現政権の失策を数えあげ、兵を挙げることを有間にすすめた。実兵力は自分が用意する、とも。自らのレーゾンデートル（存在理由）に苦悩してきた皇子は、ついこのウマイ話に乗ってしまう。二人はともに、中大兄を恨む同志と理解したことが大きかった。

より以上に中大兄に向けた怒りが、有間皇子の全身を覆っていたのかもしれない。

「恋と同じで、憎悪も人を信じやすくさせる」（『告白』）

といったのは、十八世紀の哲学者ジャン・ジャック・ルソーであったが、それだけ有間皇子は精神的に追いつめられていたのであろう。

だが、それにしても彼はもう一段深く、赤兄が現在の蘇我一族の束《たばね》を任されている、という点を熟慮し、このウマイ話を疑うべきであった。

一日おいて、今度は有間皇子が赤兄のもとを自ら訪ね、楼《たかどの》（高く造った御殿）にのぼって謀叛の密議に加わる。その場に、心を同じくする幾人かの、有力豪族の代表も参加していた。

「理性、判断力はゆっくりと歩いてくるが、偏見は群れをなして走ってくる」

と、ルソーは『エミール』で記述していた。「偏見」の中には思い込み、独断も含まれる。感情で走り出すと、往々にしてブレーキは効《き》かないもの。

都を焼き打ちし、牟婁の津（現・和歌山県田辺市）を封鎖して、淡路との航路を遮断すれば、斉明天皇と中大兄皇子を〝袋のねずみ〟にすることができる、と彼らは謀議をつめた。

「古来、謀叛という奴は、つねにそれをもっともらしく塗り上げる、はかないが、美しい色彩にこと欠くことはない」（シェイクスピア『ヘンリー四世』）

〝同志〟は自分たちの計画に、熱くなっていたにちがいない。クーデターを仕掛けるのは自分たちであり、中大兄たちは一網打尽にされる、哀れな子羊だ、と思い込んでいたようだ。

ところがこの日の、夜半――。

有間皇子の宿を軍勢が取り囲み、急使が牟婁温湯へ走った。

捕えられたのは中大兄ではなく有間であり、彼は仇敵のもとへ護送され、その訊問《じんもん》ののちに藤白坂《ふじしろさか》（現・和歌山県海南市）で絞首となってしまう。

嫉妬の力学とその凄惨さ

「人間は誰でも、自分のする事については、はなはだ自負心を持っているものだから、みずから欺《あざむ》かれやすい」

こういったのはマキャベリであったが、中大兄皇子はこの点で有間皇子の敵ではなかった。

天皇親政の体制固めをするため、豪族全体の力を削ごうと考えていた中大兄は、自分に向けられたこのクーデター未遂事件で、自らに反対する豪族勢力を一網打尽にした。

有間の計画に参画した豪族も、ことごとく斬首、流罪となり、鳴動していた豪族たちは、ピタリとその言動を止めた。実に鮮やかな、中大兄皇子の手並みであったが、彼はそれだけ常日頃から、自分に向けられている嫉妬への警戒心と備えを持っていた、ということであろう。

だが、それほどの中大兄皇子＝天智天皇であっても、すでに前章でみた如く、わが子の大友皇子の最期は止められず、有間皇子とかわらぬ非業の最期を遂げさせることになってしまう。因果はこのように、めぐるものであるらしい。

否、人のもつ嫉妬心はそれほどに手強く、恐ろしいものなのであった。

なぜ、人間の多彩な感情のなかで、この嫉妬がとりわけ凄《すさ》まじいのか。それは嫉妬の対象となる相手と自分との間に、嫉妬の条件＝嫉妬の力学が働いているからだ。

嫉妬心を起こすか否かの、決め手といってもよい。先にあげた嫉妬の起きる可能性とも、若干の重なりがある。

一、自分と同等か、劣っているものが優位に立った時
二、自分が軽蔑し、嫌っているものが優位に立った時
三、自分と同性のものが優位に立った時

四、自分より明らかに優れたものが優位を誇示した時

個別の事例は次章以下でみていくが、嫉妬の凄惨《せいさん》さ（すごくいたましい、ひどくみじめなこと）は、人は成長するに従って、この悪《あ》しき感情を持つこと自体、恥ずかしいことだ、と意識するようになる点にあった。

他人《ひと》を羨んだり、妬んだりするのは、人間としてみっともないことなのだ、情けないことなのだ、してはいけないことなのだ、との思いにとらわれて自らを戒める。

そのため人は、嫉妬の感情を持っていること自体、他人には知られたくない、と考えるようになる。が、嫉妬していることを他人に悟られたくない、恥ずかしい、との思いは、蜷局《とぐろ》を巻くように心中でのたうち、渦巻いており、この感情を「理性」、「知性」、「悟性」（合理的に考える能力）といった観念や心の働き、自らの全知全能をもって抑圧しようとしても、なかなか思うようにはいかない。

押さえ込んでも心の隙間《すきま》から、歪《いびつ》（ゆがみ）な形で変化し、湾曲《わんきょく》して表れた。

したがって嫉妬は、素直な怒りをまっすぐ対象者＝相手に向け、殴《なぐ》る、蹴る、突き飛ばす、叩《たた》く、引掻《ひっか》くといった暴力的な攻撃を与える、という直接的な手段には出にくい。

そんな生《ナマ》のままの行動に出れば、相手の反撃を誘うことになる。また、見た目にも粗野で、洗

練されていない低俗なもの、と非難されかねない。

だが、「理性」「知性」「悟性」といった謳い文句も、見た目も、いわば外向けのものであり、嫉妬のドロドロとした感情は、その理想観念の下や世間体の陰、内側に蟠局を巻いていた。

そのため、心の底に抑え込もうとすると、嫉妬の感情は屈折し、からかいや無視、黙殺、白眼視、村八分。陰口や悪口、冷笑や嫌味、憎しみを含んだ讒言《ざんげん》（事実をいつわって他人を悪くいうこと）や中傷、密告といったものを、直接・間接に相手に向けるようになる。

怪文書に敗れた『明星』

——昨今ならば、怪文書の類となろうか。

内容はターゲットとする人物のスキャンダル——不倫やセクハラ、パワハラ。あるいは私的交際での金銭の授受などを突く。発信者は自らの情報の信頼性を高めるために、対象者の現場写真を添えたり、少数の人だけが知り得る秘密をチラつかせたりする。さも事実であるかのように述べるのだが、無論、誇張もあれば歪曲《わいきょく》もあり、根拠のない捏造《ねつぞう》のストーリーもあった。

しかも発信者は、自分の正体が知られることのないように、幾重にも注意を払い、自身は安全な場所に隠れて、高みの見物と洒落《シャレ》込む。ターゲットの困惑する様子をながめて、心の内で快哉《かいさい》を叫ぶのだ。

正義の名のもとになされる「内部告発」も、密告の一種である。非倫理的な私事や不正を明らかにするとの大義はあるが、ターゲットとした人物への嫉妬、憎悪、怨念、攻撃性が含まれていることは間違いあるまい。

加えて日本人は、事実関係を調査する以前において、怪文書が出たこと自体を問題とする傾向が強かった。怪文書を出されるような人物は、それだけで失格の烙印を押されかねない。

詩人・歌人の与謝野鉄幹《よさのてっかん》が、明治三十二年（一八九九）に東京新詩社を結成し、翌年から創刊した機関誌『明星』は、浪漫主義文学の牙城となり、発行部数一千部という、当時としては破格の部数を誇るまでになった。

ところが、「文壇照魔鏡《ぶんだんしょうまきょう》」という、鉄幹のスキャンダル＝怪文書が世に出るや、部数は百部を切るほどに激減してしまう。怪文書の内容が吟味されたからではなく、文学少女の父親たちが、内容の正否に関係なく、鉄幹が悪く書かれたこと自体を問題にして、「二度と『明星』を読むな」と娘に禁じてしまったからであった。

そのため『明星』は、再び元の発行部数には戻らなかったという。

『明星』の場合は、高い評判を妬んだ何者かが、怪文書を流したのであろうが、こうした行動は数えあげられないほど多かった。

人間は誰しも自己愛《アムール・プロプル》の塊であり、誰しもが持つ暗い衝動＝「他人に負けたくない」「勝てなくて悔しい」「あいつが憎い」といった感情は、屈折しつつ自らを「合理化」し、相手を失脚させる嫌らしいやり口、陰湿さ、心の底の悪意を増大させ、一方で懸命に自分自身を正当化していく。

中大兄皇子は有間皇子をワナに陥れながら、自分は悪くない、あいつが悪いのだ、と心底、思っていた可能性が高い。もし、有間に謀叛の心がなければ、蘇我赤兄が持ちかけた叛乱の、片棒を担ぐはずはない。相手に殺意があったからこそ、こちらはやられる前にやったのだ、といわば自己の正当防衛を主張したであろう。

それが高じると、自らの攻撃が正義による絶対的なものだ、と思えるようになる。

中大兄皇子の場合、天皇制の絶対君主の社会を築こうとしているのに、皇族のくせにそれを邪魔立てするとはけしからん。この思い込みに、権力が結びついたのである。これは中大兄のみならず、これまでもみてきたように、歴史の流れをすら変えてしまう凄まじい威力を発揮した。まさに、殺戮《さつりく》的独裁である。

これは歴史上の出来事であるとともに、時代を超えた不変性をもち、人間が複数この世に存在するかぎりは、永遠に解放されることのない心の問題でもあった。

しかも嫉妬の厄介なところは、社会が成長の見込めない閉塞感の強い、格差社会となればなるほど、その少なくなった機会をめぐって、嫉妬が生まれ、その対象者への怒りと敵意が強まる点にあった。

なにしろ日本人は、人間は本来、平等であるべきだ、との思い込みの度合いの強い民族である。そのため、先にあげた嫉妬の条件、嫉妬の力学は、多く場合、重なり合って連動した。

そのうえ、〝敵〟は本能寺の如く、嫉妬を向ける相手——もしくは、向けられる相手——は、ごくごく身近にあって、その距離はグルリと周囲を見渡して、目鼻立ちの識別できる、声も聞き覚えのある、特定のできる人物のなかにいることが大半であった。

つまり、日常生活からは切りはなせない場所にこそ、被害者も加害者もいることになる。

今の生活環境から、逃げ出すことは難しい。嫉妬から派生するイジメの場合、登校拒否か転校という手はあるが、ビジネスマンの世界にはこれが叶わない。

さて、この難問の処方箋《しょほうせん》は——。

まずは嫉妬の角度から、日本史に考察してみたい。

上司が部下を殺す時

第二章

太田道灌の生きた〝関東〟

第一章でみた織田信長と明智光秀は、嫉妬の応酬《おうしゅう》をやった組み合わせであり、第二章での中大兄皇子が孝徳天皇にむけたのは、実力のある権力者が、名目的権威者にむけた嫉妬返し＝さらなる追いつめ、破綻への働きかけであったが、歴史の世界には主君が家臣の人望や実力を妬んで、これを除こうとして殺害し、結果として国を滅ぼした事例が少なくなかった。

すでにみた、会社再建を託した名経営者を、業績Ｖ字の果てに解任し、そのあと息子を社長に据えて、かえって会社を没落させてしまったオーナー経営者のパターンといえなくもない。

また、低迷にならないまでも、部下の社会的生命を断った官庁、企業の上司の事例などは、それこそ枚挙に遑《いとま》がなかった。

この章ではとりわけ、上司と部下の心理にこだわり、ケースごとに順次、見ていきたい。

まずは、嫉妬を抑えるための公的な「わく」＝絶対の壁が存在し、人間は平等であるという思想のない封建制の時代——江戸城の原型を創った、ということのみが喧伝されがちな太田道《どう》灌《かん》の身の上に起きた、嫉妬の悲劇をみてみたい。

仕掛けたのは彼の直属の上司、関東管領《かんとうかんれい》の上杉定正《さだまさ》であった。

いささか結論めいて恐縮だが、日本史上最大の内乱＝応仁・文明の乱（一四六七〜七七）がおわって、戦国時代が本格化する織田信長の桶狭間の戦い（一五六〇）までの、およそ八十三年の間で、最も能力の高かった人物を、日本史で一人あげろといわれれば、筆者は躊躇《ちゅうちょ》することなくこの太田道灌を挙げる。

室町時代中頃、京都にあった幕府から、遠く離れた関東の地に派遣された「関東公方《くぼう》」――その後、分離した古河《こが》公方と堀越《ほりごえ》公方は、さらに彼らを支えていた実務者の「関東管領」上杉氏が、各々の権威、実力をもって下剋上し、三つ巴《どもえ》の戦いを展開していたのが、道灌の生きた時代の〝関東〟であった。

いささか煩雑《はんざつ》なのだが、「関東公方」はもとは「関東管領」と呼ばれた将軍の代理人であり、それがいつしか「関東御所」、「関東公方」と格上げされて呼ばれるようになった。京都から目が届かなかったことをいいことに、関東で一種、独立国の王のようにふるまうようになったわけだ。これが、二つに分裂。

加えて、その執事にすぎなかった上杉氏が、いつしか主人の「管領」を呼称するようになる。まさに、乱世であった。上杉氏の「管領」は企業に置き替えれば、有力支社か系列企業のナンバーツーと思えばよい。

しかし、権威と権力の分離はこと武力ということでは、「関東公方」は実兵力をもたず、臣下の「関東管領」上杉氏が隔絶して強力となったことは留意する必要があった。

しかもこの上杉家も、「関東公方」が二つに分かれたように、山内《やまのうち》、扇谷《おうぎがやつ》、詫間《たくま》、犬懸《いぬがけ》と四家に分裂してしまう。そのうち犬懸は滅亡し、詫間は最強の山内に追随する形で生き残りをはかった。二位の扇谷上杉家はといえば、領地も軍勢もはるかに山内上杉家に劣るといった様相を呈していた。

「だが、扇谷は安心できぬ」

それでいて山内上杉家の人々が不安を抱いていたのは、扇谷上杉家の家宰・太田資清《すけきよ》（号して道真《どうしん》）が領内に善政をしき、人材育成を計り、その内実が侮りがたかったからである。

家宰は執事、家務《かむ》ともいわれ、今日の企業なら秘書室長、庶務担当重役となろうか。

その資清の長子として、永享《えいきょう》四年（一四三二）、相模《さがみ》国（現・神奈川県の大半）に生まれたのが太田道灌であった。幼名は鶴千代、元服して源六郎持資《もちすけ》、のちに資長《すけなが》と称した。「道灌」は四十七歳で、入道してからの号である。

身分制社会が確立されている世界では、相対的にみて嫉妬の発生は少なかった。なにしろ出生時から階級のちがいがあり、この身分差別は厳としてその生涯に存在し、この垣根を越えて飛び出ることはできなかったから、誰しもが自分の気持ちを抑えつけ、己《おの》が分限を超えた野心を諦めなければならなかった。

道灌もこの生まれ落ちた境遇に守られ、それなりに満足していた。

だが、逆の立場がある。なまじ身分では上にいながら、能力で明らかに下位者に劣る者は、己れの高い身分ゆえに下の者へ、嫉妬を露骨に大きくひけらかすこともあり得たのである。

飛び抜けてできる子は嫉妬されない？

そのことを危惧した父・資清は、あるとき、あまりに才気走る鶴千代時代の道灌に、訓戒をしている。

「よいか、昔から智ある者は偽《いつわ》りが多いという。偽りの多い者は、とかく禍《わざわ》いをこうむるものじゃ。人は真っ直ぐであるのがよい。たとえば障子《しょうじ》のようなものだ。真っ直ぐゆえに立つ。よいか、曲がれば立たぬ」

障子は室内のしきりに立てる、たてよこの桟《さん》に紙をはった建具。あかり障子とも呼ばれ、のちにふすまとなる。なるほど、障子はまっすぐなものだ。

ところが、それを聞いた鶴千代は、いきなりその場を立って部屋を出ると、屏風《びょうぶ》をひきずって戻って来た。そして屏風を開閉させながら、次のようにいった。

「父上、なれどこれをご覧下さい。真っ直ぐでは立ちませぬが、曲げればほれ、このように見事に立ちまする」

資清は満面を朱にして激怒したが、とっさに返答に窮してしまう。

同様の話は、いくらもあった。「驕者不久《おごるものはひさしからず》」と大書した軸を、床の間に掛けた父・資清が、鶴千代を呼んでその意味を問うた。すると、この息子は返答のかわりに、

「父上、その書に二字を、書き加えさせて下さい」

そういって、資清が許可すると、鶴千代は「不」と「又」を書き入れた。

「不驕者又不久」――驕らざる者も、また久しからず。

激怒した資清が扇子で打とうとすると、鶴千代はすばやく逃げてしまったという。

なにかしら、その悲劇的な最期をも予期させかねない挿話であるが、道灌は生来、利発すぎる子供であったことは間違いない。

このタイプの子は、現代社会でも、小・中・高の学校、クラスに、必ず一人や二人はいるものだ。飛びぬけてよくできる子供――必死に勉強しているようには見えないのに、テストの成績もずばぬけてよく、先生やクラスメートの覚えのいい子。このタイプはそもそも、地頭《じあたま》が良いのであり、大半は特別に扱われ、別格なのだ、と周囲は羨望というよりは憧れに近い賛嘆（感心して褒めること）を持つもの。

したがって、このタイプの子供の発言は、常に重視され、異質な人間なのだから、と人々は

自分との差を認めても、比較しようなどとは思わず、すっかり諦めて、次元のちがう世界の住人なのだと割り切り、嫉妬自体を示さない。

嫉妬は本人の力とは別の力が加わったために、こちらが劣ったと思われる場合にこそ、発生することが多い。たとえば地頭ではなく、塾通いをしてガリ勉したり、家庭教師がついたりして成績に差ができたりすると、そういう子供に周囲の嫉妬は向けられた。

蛇足ながら、これも嫉妬を考えるうえでは重要なのだが、「努力」と「偶然」でも、嫉妬の発生は異なった。一生懸命努力して、何か一つの成果をあげた場合、周囲の人々は敬意こそ払え、それまでの苦労を讃《たた》えることはあっても、その成果に嫉妬することはなかった。

たとえば長年コツコツお金を預金して、マイホームを購入した場合、人々はその人に嫉妬したりはしない。ところが、目鼻だちがわかり、声をききわけられる範囲の人が、偶然手にした宝くじが大当たりして、幸運にも大金を手にし、その大金でマイホームを手に入れた、となると周囲は妬み、やっかみ、陰口をきき、よからぬウワサを流したりするようになる。

道灌は地頭のいいタイプの子供で、「関東管領」の一《いっ》・扇谷上杉家の家宰の家に生まれ、幼少年期、彼は他人からの嫉妬を経験することなく、周囲から讃えられ、それゆえにこそ、その優れた頭をさらに学問で磨いていた。彼は九歳から十一歳まで、当時の教養では京五山に並ぶ関東最高峰の学府・鎌倉五山の寺院（一説に建長寺）で、学識を積んでいる。

将軍義政を感動させた道灌の叡智

「学雪の功績で、五山無集《むしゅう》（無双《むそう》）の学者たり」（『永享記《えいきょうき》』）

当時の東西五山は、今でいう総合大学といってよかった。その学業をトップで終えた道灌は、康正《こうしょう》元年（一四五五）、二十四歳で太田家の家督を継いでいる。

周囲はその英邁さを称えることはあっても、嫉妬など起きるはずもなかった。

その頃、太田氏はまだ、武州の荏原品川（現・東京都品川区）にいた。居館は御殿山辺りで、それを古河公方（足利成氏《しげうじ》）との対抗上、江戸に移したのは翌年のこと――江戸城は一ヵ年でほぼ完成をみている。

この城は、それまでの山城《やまじろ》（山塞規模）の発想から大きく転換して、平地に自然の地形と人工の堀をうがち、土居《どい》（土塁）をきずいて、複雑な曲輪《くるわ》を組み入れ、防衛力を飛躍的に向上させた斬新な城であった。道灌は、三百年も以前から豪族・江戸氏が居城としていたものを利用して、これに独創的な改築を施したのである。

この時代、利根川は現在とは異なり、荒川に合流していて、末は隅田川となって江戸湾にそそいでいた。すでに有名無実化していた堀越公方（足利政知《まさとも》）はひとまず措き、もう一方の古河公方（足利成氏）はこの利根川の東に城砦をかまえ、相対する管領・上杉氏は同じ川の西側に、飛び石のように城砦を築いていた。

つまり、双方の決戦はその中間地帯でくりひろげられていたことになる。

道灌の属した関東管領方の動員兵力は、山内・扇谷の両上杉家を合計してこの時期、二、三千程度であったかと思われる。兵力では上杉氏がまさっていたが、古川公方成氏は古河の城をかためて終始、守勢を固持したので、一挙に攻め落とすことができなかった。

こうしたいわば睨《にら》み合いの局面で、三十四歳の道灌は上洛している。

ときの十一代将軍・足利義政《よしまさ》は、道灌の高い学識と名声をすでに聞き及んでおり、とくに拝謁を許可した。のちに銀閣寺（慈恩寺《じおんじ》）となる、東山殿を造営した人物である。

将軍義政は道灌に、武蔵野の見渡すかぎりの荒野、広がる鄙《ひな》びた土地の風景について質《ただ》した。

義政には後進地の関東に対する、あからさまな侮蔑があったようだ。その胸中を感じとった道灌は、ならば、と即興の歌を詠んで応じた。

わが庵《いお》は松原つづき海近く
富士の高嶺《たかね》を軒端《のきば》にぞ見る

もとより、将軍義政にも歌心はある。のちの織田信長が、芸術の手本としたほどの人物だ。道灌の和歌に義政は、武蔵野の贅沢な景色を想い、なるほど、と頷《うなず》いたという。

思うに道灌は、この上京で硬直した関東の戦局を、将軍家のご威光＝外交によって、打開しようとしたのではあるまいか。味方は道灌に大いに期待し、決して嫉妬心などおこさなかった。

一方、敵の古川公方成氏は、この英才にかかっては衰亡するしかない、との危機感を抱き、窮《きゅう》鼠《そ》猫を咬《か》むで、いきなり打って出て来る。寛正七年（一四六六・二月二十八日に「文正」と改元）正月のことであった。

受けて立つ関東管領側には、余裕すらうかがえたが、折り悪しく山内上杉家の当主・房顕《ふさあき》が病死してしまう。跡を継いだ二男の顕定《あきさだ》は、この時わずかに十三歳でしかなかった。

そこへ文正元年九月に、扇谷上杉家の当主・持朝《もちとも》の病死が重なった（後継は嫡男・顕房の子の政真《まさざね》）。さらには駄目押しのように、翌年には京都を中心に日本史上空前の内乱＝応仁の乱が、全国に勃発する（以後、十一年つづき、その終息後、世の中は戦国時代に突入する）。

この時、関東地方は、秩序不安定の中に孤立してしまった、といってよい。

当主の相次ぐ死により、関東管領を実質的に采配することになったのが、実力ナンバーワンの山内上杉家の家宰・長尾景信《かげのぶ》であった。景信は年若い主君の顕定をよく補佐し、同盟軍ともいうべき扇谷上杉家の家宰・太田道灌とも綿密に連携したが、関東争乱の最中に道灌の主で扇谷上杉家の当主・上杉政真《まさざね》が戦死し、政真の叔父・定正（持朝の三男）が三十一歳で扇谷上杉家を継承。つづいて景信本人も、六十一歳で病没してしまう。

主人の顕定は、しかたなく景信の弟・忠景《ただかげ》を引きあげて、山内上杉家の家宰とした。

つまり、ほんのわずかな期間に、道灌を信任してきた関東管領首脳部が、すべてこの世を去り、上層部は総入れ替えとなってしまった。旧首脳部の中での残留者は、太田道灌ただ一人となる（四十二歳）。

組織は変わり目があぶない

ここが、〝切要〟であった。この人事一新が、結果的に道灌の悲劇な最期を生む遠因となる。現代のビジネスマンの世界であれば、人々は自己の社会的評価に執着する。レベルは自分より下だと思い込んでいた同僚や後輩が、いきなりプロジェクトで抜擢されたり、「主任」「係長」「課長」「部長」に昇進したりすれば、そこに嫉妬は生まれるもの。

これは人生のかかった出世レースにおける、上昇か停滞（もしくは左遷）にかかわることであるだけに、一面、何処《いずこ》にても必死＝プロセスで嫉妬の発生が考えられた。

しかし道灌の時代は、身分を超えての上昇はそもそもなかった。関東管領の家宰はこの地位しかない。下剋上は始まっていたが、権威と権力はまだまだそれなりに守られていた。にもかかわらず、道灌はこのあと非業の最期を遂げる。なぜか。主因は意外にも、組織のやる気にあった。

組織はつねに、首脳部が一新されると、いつの時代でも、いかなる団体でも、構成員はやる気まんまんとなる。また、そうでなければならない側面もあった。

関東管領の陣営では、

「今度こそ、古河公方を討つ」

と鼻息も荒く、これまでにも増して攻勢を仕掛けたが、散発的で計画性の乏しい戦《いくさ》は、むろん埒《らち》があかない。これまで戦ってきた道灌は、いわば現場を周囲の誰よりもよく知る立場にあった。当然の如く彼は、懸命にその愚を諫め、やめるようにと説得するのだが、一同には聞く耳がない。

それどころか、道灌の物言いが癪《しゃく》にさわるありさま。

彼らは上位階級ゆえに、その権威をもって道灌に一物を抱くようになる。

「たかが扇谷上杉家の、しかも家宰の分際で、何を偉そうに――」

と。そうしたところへ、山内上杉家の先代家宰をつとめた長尾景信の子・景春《かげはる》（三十四歳）が、己れをないがしろにした人事に不満をつのらせ、主君の顕定に叛旗を翻し、古河公方成氏に味方する旨の密書を、関東管領方の諸将におくる事件が発覚した。

――これも、嫉妬が原因であった。

もともと長尾氏は、相模国鎌倉郡長尾郷（現・神奈川県横浜市栄区＝鎌倉市の北方）を発祥とする桓武平氏の流系といわれ、上杉家同様に白井《しろい》・惣社《そうじゃ》・鎌倉・足利の四長尾氏に分かれて広がった一族であった。

山内家の始祖・憲顕《のりあき》が上野国《こうずけ》（現・群馬県）の守護となったころ、各々の長尾氏も上野国に移り住んだ。すでに山内上杉氏の家臣筆頭＝家宰は長尾氏であり、その長尾氏にあって白井長尾が一族の宗家の地位に定まっていた。

余談ながら、この一族から分かれてのちに越後長尾氏が生まれ、越後守護上杉氏の筆頭家老となって、ここから長尾景虎《かげとら》が出現し、彼がのちに改姓改名して上杉謙信となった。

さて、景春である。彼が謀叛にふみ切ったのは、彼こそが白井長尾氏の嫡流であったからで、叔父の忠景は傍系でしかない。にもかかわらず、宗家に取ってかわるとは……。

叔父に激しく嫉妬した景春は、憤り、ついには武力行使に出たのだが、実はこの騒動には、主君・山内上杉顕定の思惑がその背景に隠れていた。

ライバルの扇谷上杉家において、道灌が突出しているように、山内上杉家においては白井長尾氏がすでに景仲《かげなか》―景信と二代にわたって実権を握ってきた。このとき、二十歳を越えた顕定にすれば、これ以上の白井長尾氏の勢力強大化は、自家（山内上杉家）にとって憂慮に耐えない状況と、映っていたのだ。そこで景信の死を機会に、惣社長尾氏からの家宰任用にあえて踏み切ることで、双方の長尾氏の勢力を互いに牽制《けんせい》させ、かけ合わせ、ともに弱らせようとの策謀が働いていた。

加えて、長尾氏の隆盛を心よく思わない、山内家の奉行・寺尾入道、海野《うんの》佐渡守といった実力者も、顕定に嚙み合わせを進言したという（『松陰私語《しょういんしご》』）。

上司はできる部下が、いつの時代も恐ろしいのである。

三つの妄想と〝嫉妬妄想〟

江戸城でこの景春謀叛を聞いた道灌は、山内上杉家の顕定、同家家宰の長尾忠景、扇谷上杉家の定正や父・道真に、この一件を相談しようとした。

談合に向かう途中、小川（現・埼玉県比企《ひき》郡小川町）に一泊した道灌のもとへ、当の景春が馬をとばして駆けつけてくる。そして、ぜひとも自陣へ味方をしてくれるように、と懇願した。どうも推測するに、道灌と景春の二人は「親戚」「縁者」の関係にあったように思われる。

しかし、組織の秩序を重んじる道灌はこれを拒絶して、顕定に会っている。

道灌には山内上杉家における、白井長尾氏の底力が理解できていた。もし、景春が本気で叛乱を起こせば、古川公方を倒すどころか、関東の混乱は収拾不可能となりかねない。

「――せめて景春を、武蔵の守護代くらいにはしてほしいのですが……」

道灌は説いたが、顕定はその言を容れようとはしなかった。

顕定はこの時、上野《こうずけ》をはじめ、伊豆（現・静岡県伊豆半島および伊豆諸島）、越後（現・新潟県）、武蔵（現・東京都と埼玉県、神奈川県東部）の守護をかねていた。

武蔵には実力者の道灌がいる。体よく景春を、現体制の中に封じ込めようと道灌は策したのだが、顕定はこれを認めなかった。思惑を構えすぎていたのかもしれない。

ならば、と仕方なく道灌は次善の策を進言した。

「しからば景春を、すみやかに誅伐なさるべし」

これなら受けるかと思われた顕定は、今度は一方の惣社長尾氏の力が強くなることを危惧し、道灌の名声に対する嫉妬もあって、こちらの提言をも却下してしまう。

あくまで「関東管領」の存続と栄光を第一に考える道灌は、一方の古川公方・足利成氏と和睦し、あとあと何よりもやっかいな景春を、まずは討つことに専念すべきだ、と説いたのだが、顕定は聞く耳を持たなかった。

しかたなく道灌は、要所要所を扼《やく》して、景春の動きを封じる処置を取る。これは実に、みごとなものであった。

ところが、あまりに手際のよい彼の采配は、今度は主家の扇谷上杉氏の妬《ねた》みを買うことに連動してしまう。嫉妬には本人が気づきにくく、気づきたくない感情がともなうもの。

この負の感情は、扇谷上杉氏より大きな山内上杉氏にとってはなおさらであり、道灌の存在は末恐ろしいものとなっている。人間はいつの時代でも、己れの都合、キャパシティで物事を考えてしまう。ましてや感情にかたよりが生じていれば、なおさらであろう。

道灌の実力を認め、己れの至らなさを知りながら、それでも身分が上であるがゆえに虚栄心、顕揚欲《けんようよく》の旺盛な顕定は、道灌にすがることができず、逆に、もし、長尾景春と道灌が手を結ぶようなことになれば、両上杉氏の存在自体が危うくなる、と悲観的に〝嫉妬妄想〟を抱いた。

なるほど、道灌の心の奥底を、正確に知ることは顕定にとって難しいことであったろう。

ただ、それでも情報収集につとめ、自家の家宰のこれまでの働きを客観的に見直せば、自らの認識を改めることはできたはずだ。〝妄想〟という現象は、今も昔も変わらない。一度抱いたイメージを、改められないところからスタートした。

客観的には間違っていることが明らかなのに、本人がそれを正しい事実である、とかたくなに信じ込んで疑わない。妄想が単なる誤解や思い過ごしと決定的に違うのは、訂正が不可能である点に尽きた。

妄想は心理学上、通常は「誇大妄想」「微少妄想」「被害妄想」の三つに区分される。

自分は天才だ、本当は高貴な家柄の出身なのだ、実はブッダ、キリストの生まれかわりなのだ、といった自己に関する根拠のない過大評価を、主な内容とするのが「誇大妄想」――。

これに対して、自己を過小に評価するのが「微少妄想」である。

どうでもいいような些細《ささい》な出来事が気になって、わが身を貶《おと》しめて考えてしまう。

たとえば、どうも自分は不治の病にとりつかれている、とか、あの時ぶつかってころんだ人はそのあと死んだにちがいない、とか。

〝嫉妬妄想〟を描いた名作『行人』

「誇大妄想」と「微少妄想」は一面、他人《ひと》に直接的な迷惑はかけないものだが、「被害妄想」は違う。おもに対人関係の誤解から生じ、他人が自分に危害を加えようとしていると、思い込むものを指した。「誰かに生命《いのち》を狙われている」「いつも誰かが自分の後をつけている」「私の食べ物には誰かが毒を入れたにちがいない」――等々。

この「被害妄想」に含まれるのが、〝嫉妬妄想〟である。

「夫（妻）には交際している女《ひと》がいるようだ」「上司は自分を嫌っている」「会社は私を捨てよ

うとしている」など。自分が一方的に不利な立場におかれているように思い込む「被害妄想」の、一種が〝嫉妬妄想〟である。

嫉妬を扱った文学の名作といえば、筆者は夏目漱石の『こゝろ』とシェイクスピアの『オセロ』の二作をあげる。が、こと〝嫉妬妄想〟というキーワードであれば、同じ漱石でも『行人《こうじん》』に軍配をあげたい。

明治四十五年（一九一二・七月三十日に「大正」と改元）――この年の十二月六日から、漱石は「朝日新聞」紙上に『行人』の連載を開始した。途中、彼が胃潰瘍で倒れ、連載が二ヵ月余、中断することもあったが、『行人』は百六十七回をもって完結した。

この作品は、「友達」「兄」「帰ってから」「塵労《じんろう》」という四つの短編からなっている。そして四編をつなぐ形で、一つのまとまり＝テーマをもっていた。それが〝嫉妬妄想〟であった。

主人公の一郎は、跡とり＝長男として特別に扱われて育てられた。大学教授となった彼は内省的で思慮深く、教養に恵まれた知識人で、物質的にも不安のない家庭生活をおくっていた。ところが、そんな一郎にも、生活を脅かす大いなる悩みがあったのだ。妻・お直の矛盾だらけにみえる性格から、導き出された妻の不貞への疑惑。しかもその相手に、大学を出ながら定職をもたない二郎という弟が想定された。

なにしろお直は、弟の二郎にひどく馴れ馴れしく振る舞う。二人は一郎がお直と結婚する前からの知り合いで、気難しい一郎に対して、二郎はザックバランであった。

しかし、と一郎は悩む。自分に対するお直の態度は、どうでも勝手にしろ、というように冷淡でふてくされたものである。そうかと思うと、やさしい主婦としての心持ちで、自分の身の回りに気を配ってくれる。かと思えば、こちらのいうことをまるで受けつけないこともあった。

もし、一郎がお直を愛していなければ、あるいはお直と二郎に無関心であったならば、そもそも〝嫉妬妄想〟は起きなかったにちがいない。加えて一郎は、寂しがり屋なだけに、お直の言動が一貫しないがため、一層寂しい気持ちとなり、それが苛立ちになって〝嫉妬妄想〟は膨《ふく》らんでいく。

これといった具体的な証拠もないのに、お直と二郎の間に何かあるのではないか、と勘繰りはじめる。一郎のおもしろいところ（本人は真剣なのだが）は、そうした妻の節操を疑う自分を恥じて、自分の人格が卑しいものに思えて煩悶《はんもん》するところにあった。

疑念は深まり、ついに一郎は二郎に、悲痛な胸のうちを告白し、妻の貞操を試してほしい、と懇願することに――。

弟と妻は旅行に出かけ、嵐の中で帰れなくなり、一つ宿に泊まるという緊迫した状況が語られる。結局、二人の間には何も起きなかった。もともと何もなかったのだが、一郎の心はそれでも晴れず、むしろ彼の〝嫉妬妄想〟は自らを炎の中で焼くことになる。

「死ぬか、気が違ふか、夫《それ》でなければ宗教に入るか。僕の前途には此三つのものしかない」

絶望した一郎はいう（「塵労」）。

それでも物語は、次のような一郎のセリフへとつづいていく。

「何《ど》んな人の所へ行かうと、嫁に行けば、女は夫《をつと》のために邪《よこしま》になるのだ。さういふ僕が既に僕の妻《さい》を何《ど》の位悪くしたか分らない。自分が悪くした妻《さい》から、幸福を求めるのは押《おし》が強過ぎるぢゃないか。幸福は嫁に天眞《てんしん》を損《そこな》はれた女からは要求出來るものぢゃないよ」

お直を弁護した一郎が、おそらく救われるであろうことを示唆して、この物語は終わる。

上司の殺意とストーカー殺人の酷似点

〃嫉妬妄想〃のみならず、嫉妬はすべて冷静になることが脱出の第一歩であった。

旅に出るのもいい、身の置きどころを変えてみると、存外、周囲がみえてくるものだ。

嫉妬はやがて、わが身にも跳ね返る。因果応報を悟らなければ、この負のエネルギーは活発であるため、〃嫉妬妄想〃などは鋭く嫉妬心に突き動かされて、ますます肥大化し、ついにはふくらんだ風船が破裂するように、自殺や殺人にいたるケースすらあった。

世にいう〝情痴事件〟のほとんどが、この〝嫉妬妄想〟によるもの、といっても過言ではあるまい。フランスの作家プロスペル・メリメの小説『カルメン』の中で、騎兵伍長ドン・ホセが人殺しをするのも、このパターンであった。

〝情痴事件〟に共通してみられるのは、愛する相手に直接の攻撃を加えることよりも、好きな相手、自分の大事な人に手を出した男（あるいは女）、自分の大事な人を奪った相手に対して、怒りを爆発させる感情といえる。

嫉妬は一般に、憎しみと怒りの複合した感情ではあるが、憎悪・憤怒《ふんぬ》をそのままストレートに発散させることはない。だが、それでもなお嫉妬が積もりに積もって妄想が広がり、当事者が精神的に未熟であると、対象者を抹殺する方向へむかうことが、なきにしもあらずであった。

「愛してなお信じえず、疑ってしかも愛着する」（『オセロ』）

である。この矛盾は、なにも男女の愛情だけではなかった。

上司の部下への心情にも、あてはまる場合がある。嫉妬心がストレートな感情を相手にぶつけるとき、攻撃者はその対象者を、自らの所有物とみなしている共通点があった。言うことをきかせたい、服従させたい、という支配欲、利己的な煩悩ともいえる。

格別、男の場合にこの心情は顕著なのではないか、と筆者は疑ってきた。

最近、悲惨なストーカー殺人事件がときおりマスコミに報じられるが、少なくとも日本史において、この種の殺人は戦後の高度経済成長期以降に発生したもの、と筆者は考えてきた。

なぜ、戦後なのか。敗戦国日本は、戦勝国アメリカの民主主義を無条件に享受した。物質的豊かさを追求する世界に、その限界・反作用を考えぬまま、自身の心と体をゆだねたわけだ。おかげで世界中から、奇蹟とも賞讃された高度経済成長を成し遂げた。

だが、その副産物として、戦前にはきわめて濃厚であった清貧な生活へのあこがれが消え、あくなき物質欲の追求は分限を持たず、よりよいものをがむしゃらに所有しようとする方向に進んだ。恋愛も、商取引の等価交換と思い込むようになる。労力と時間、金銭を費やして、ようやく手に入れたと思った彼女（彼氏）が、いつしか心がわりしてしまった。つまり、不等価となり損をしたのだ。

ここで、今風によく使われる「ありえない！」という若者言葉が登場する。

このセリフを翻訳すれば、「それは起きるはずのないことだ」とか、「それは起きてはならないことなのだ」――つまり、非常識に対する抗議の言語となるが、その音声には明らかに、失恋をした〝消費者〟の傲慢《ごうまん》な響きがともなっていた。なぜ、そう響くのか。

すでに愛情は消えて取り返せないのに、消費者的態度は精算を求め、自らへの反省もなければ、相手への謝罪もない。それどころか、「裏切りは許せない」と相手を一方的に悪者にしつつ、本当の心は自分のため、物質的な打算によって裏打ちされていた。

換言すれば、「恋愛して損をした。だから弁償してくれよ」となる。

それが無理なら、縒《よ》りを戻してくれよ。代価を払った出資者、所有者は自分なのだから。

——側面には、心のバランスの問題もあった。

自分だけが損をして、この別れは不公平ではないか。自分は多大なダメージを受けたのだから、相手も同じだけのダメージを受けるべきであろう。いささか幼稚で、ねじれた精神年齢の低さが、つきまといという馬鹿げた行為に、成人した人を走らせる。

が、このストーカー行為ほど、取り返したい相手を遠ざけるものはなかった。つきまとえばまといつくほど、対象者の不快指数は高まる。「体」(口や表情、姿も含む)と「心」はブーメラン効果をおこして、互いの間ではねかえりながら、仏教でいう業《カルマ》を深めていく。

業を煮やす(思うように事が運ばず、いらいらする)時間がふえれば、対象は逃げるもの。

〝嫉妬妄想〟が生んだ「当方滅亡」

嫉妬の対処法が冷静になること、距離を置くこと、離れることであるのと同様、ストーカーはそういう方向に自らを向かわせるべきであるのに、逆に走り、ついに逆キレして、相手の生命《いのち》までも奪うような行為に出る。

主君・上杉顕定の太田道灌にむけた感情も、ストーカー殺人と同じ所有欲から出たものであり、その根底は紛れもない〝嫉妬妄想〟であった。

一方の長尾景春は、己れが関東で覇権を握るには、両上杉氏を事実上、背負っている道灌の威勢を奪うしかない、との結論に達していた。

本来であれば、追いつめられた道灌はここで一気に、〝下剋上〟に打って出るべきであったろう。その力量と声望、実績のほどは、関八州はおろか天下に鳴り響いていた。決起すれば、味方に馳せ参じて来る者は数知れない。戦っても両上杉氏は、能力的にも道灌の敵ではなかったはずだ。

独立する気にさえなれば、次にみる北条早雲（正しくは伊勢宗瑞《そうずい》）が名を成すよりもはやく、「太田道灌」の名は日本史に大きく深く刻まれたに相違ない。

にもかかわらず、道灌には最後の思いきり、ふんぎりがつかなかった。これはやはり、育った環境のせいだと理解すべきかもしれない。人間は生まれ育った環境――とりわけ、身についた精神生活――からは、なかなか抜け出すことが難しい。

しかし、叛旗を翻す方法をとらないのであれば、せめて身の安全を考え、彼は隠退生活を選ぶべきであったろう。現に父・道真は越生《おごせ》（現・埼玉県入間郡越生町）龍穏寺《りゅうおんじ》の自得軒《じとくけん》に閑居していた。道灌も第二章の有間皇子のように、転地療養のつもりで隠棲《いんせい》をすればよかったのだ。そうすれば周囲の嫉妬はかわせたはずだ。その方が多くの嫉妬に追いつめられて、自滅するよりははるかにましな選択であったはずだが、道灌はこの道をも明解にしなかった。

そうこうするうちに、山内と扇谷の両上杉氏が結託してしまう。より正確にいえば、顕定が定正をたきつけたのだ。文明十八年（一四八六）七月二十六日のことである。

道灌は主君定正の招きで、相模国糟屋《かすや》（現・神奈川県相模原市上粕屋）の、扇谷上杉氏の居館において、あえなく暗殺されてしまう。

ここだけを切りとれば、先の若い有間皇子と同様のうかつさにも見えなくはない。ただ、そこは智謀の人・道灌である、四代の子孫・太田安房守資武《すけたけ》の述べた「太田（安房守）資武状」によれば、

「当方滅亡」

と、肺腑をえぐるがごとき最期の言葉を、歴史に残して道灌は逝った。享年、五十五。

彼の言葉はみごとに、その後を的中させていた。道灌を失った扇谷上杉氏は瞬時にその機能を停止し、和睦したはずの山内上杉氏との間では、団結はおろか不和が表面化してしまう。両家の対立抗争は間断なくつづき、ついには両家ともに衰亡の途をたどることになる。

天文十五年（一五四六）には扇谷上杉氏が滅び、山内上杉氏も勃興した北条氏の三代・氏康

に上野国平井城（現・群馬県藤岡市）を追われ、天文二十一年正月、越後の長尾景虎を頼って出奔。ときの山内の当主・上杉憲政《のりまさ》は、景虎を自らの養子として、名目だけの肩書きになりさがっていた「関東管領」を譲っている。上杉謙信が誕生したのは、この時であった（当初は憲政から偏諱をえて、「政虎《まさとら》」を名乗っている）。

道灌の才覚、恐るべし。なれど、その彼をも殺害にいたらしめた周囲の、とりわけ上司の嫉妬、なお恐るべし。

それにしても、と思う。扇谷上杉家の定正は、太田道灌に嫉妬心を抑えて、もう少しうまくこの逸材を懐柔し、取り込み、使うことができなかったものか——。

歴史は確かに、そして雄弁に語っている。人は己れより能力の高い者は使えない、と。使っていけばかならず、取ってかわられる——地位が逆転する——と。

なるほど、定正には道灌の才智が、頼もしいという信頼を通りこして、空恐ろしいものとなり、ついには席を一緒にすることも苦痛となって、〝嫉妬妄想〟を生んでしまったのだろう。

彼の「上杉定正状」によれば、道灌を殺さねばならなかったのは、彼が城塁を堅固にして、主家の山内上杉氏に対して、不義を企てようと計画していたからだ、となる。

無論、いいわけだが、文意には定正の本音も垣間《かいま》、見えた。

見限るか、懐柔するか

定正は幾度も使者を派遣して、道灌にきびしく意見を加えたという。

本当は忠言などしていないにちがいない。が、ここで興味深いのは、定正が『左伝《さでん》』（正しくは、『春秋左氏伝《しゅんじゅうさしでん》』）の魯《ろ》の隠公《いんこう》元年（紀元前七二二）の、祭仲《さいちゅう》の言葉を引いたくだりだ。

「都城《とじょう》、百雉《ひゃくち》に過ぐるは、国の害なり」

賢人名士の祭仲は、地方大名の城があまりに大きすぎるのは、中央政権の力を弱めることになり、ひいては国の害となるものである、といったことになる。「都城」は、古代中国における諸侯の子弟のいる城のことを指した。

中国では古来、長さの単位に一尺（二十二・五センチメートル）があり、その十倍を一丈《じょう》（二・二五メートル）と称した。わが国では、一丈は約三・〇三メートルといささか異なっている。城壁の大きさは、中国式の一丈四方を「一堵《と》」と称した。堵はかき、すまいの意。

かきの大きさを示す堵は、三堵を「一雉《ち》」と定めていた。すなわち、高さ一丈、長さ三丈をいったのだが、さしずめ三百丈＝「百雉を過ぐる」城というのは、イメージとしては難攻不落の堅城といえようか。

主君の定正から、家宰の道灌の本拠・江戸城は、このようにみえていたということになる。しかも道灌には、川越城（河越城）もあった。

定正は道灌に、同盟（格上）の山内上杉家への不義無礼が重なるのもよくないから、この際、周囲の注意をひくような（嫉妬するような）挙動はさけたようがよい、と申し付けたにもかかわらず、一向に道灌は耳をかそうとはしなかった。そのうえ、謀叛を思い立ったので、捨ててはおけずにこれを誅伐したのだ、といいわけをしている。

しかしながら、先にみた山内上杉家の顕定も同じだが、定正も主家が嫉妬するほどに手強い家臣をかかえているからこそ、その家は外から敵に侵略されず、守られてきたのではないのか。

筆者は断ずるが、長尾景春はともかく道灌には、謀叛＝下剋上の気持ちはまったくなかった。それを確認する〝時〟を持つことは、上位にある定正にとってさほど困難なことではなかったはずだ。下位の力が衰えれば、組織全体の力も弱まる。一番それを喜ぶのは、外部の敵だ。現に扇谷より山内は、わずかながらとはいえ延命している。

第三者に入ってもらい、あるいは胸襟を開いて、心のわだかまりをとくべく、努力すべきではなかったか。道灌はその気持ちがあったからこそ、扇谷上杉氏の居館に赴いたのではなかったか。かえすがえす道灌のみならず、その上司の定正についても残念でならない。

非業の最期を遂げた太田道灌に比して、ほぼ同時代の人・北条早雲は、戦国時代の幕を切って落とした男、英雄として、後世に記憶されている。

その彼が箱根の坂を下って、小田原を制したのは六十四歳（諸説あり）のときであった。

人間五十年、生きられればいいが……、といわれた時代である。快挙といってよいのだが、それにしても早雲はなぜ、これほどの余生《よせい》（余命・余年）になってから、〝天下の険〟を越えるという、冒険を断行したのであろうか。

実はこの〝下剋上〟の根本には、彼が客将をつとめていた駿河の守護職・今川氏親《うじちか》とその家臣との間に生じていた、微妙な確執があった。

すべての源泉は、太田道灌に勝るとも劣らない早雲の器量――馬上天下に覇を唱える勇気と才覚に対する、今川氏の羨望と嫉妬があったのである。

すでにみた如く、一般に他人《ひと》の能力や容貌、地位や名誉、財産や健康を羨ましく思いながらも、ああはなれないな、との諦めと嘆息の入りまじった感情が羨望であり、嫉妬は攻撃性をともなう感情であった。前者を静的、後者を動的と区別してもよい。

早雲はこの羨望と嫉妬の渦巻く今川家の家中にあって、このままではわが身が危うい、との自覚を持っていた。

だからこそ彼は表向きの名分は、

「関東が、いずれは駿河の脅威となる」

との大義を語り、今川家の安泰をはかるべく、その一環として自分は東へ向かう、との言い分を設けたのだった。

微妙な立場だった北条早雲

太田道灌を暗殺した扇谷《おおぎがやつ》上杉氏の定正《さだまさ》は、その後、関東管領内のまとめ役を欠き、山内上杉氏の顕定《あきさだ》と衝突をくりかえすようになって、関東は二分した形で内輪揉めを始めた。

このまま共倒れとなってくれればいいが——史実はそうなるのだが——「関東公方」も二派あった。上杉氏のいずれかが勝者となったり、「関東公方」からすぐれ者が出て関東の王となった場合、その勇者は関八州の強兵を率いて、西へ進軍してくる可能性が高かった。なにしろ東に進んでも、得るものは少なすぎた。

機先を制さねばならない——今川家の人々に働きかけながら、早雲は内心、太田道灌の二の舞はごめんだ、との思いを抱いていたに相違ない。

これまでにもみてきた如く、人間は逆境にあるときに一致団結する力はもっている。他人の不幸や苦境を同情する気持ち、惻隠《そくいん》（相手の心に寄りそい、同情すること）の情も深い。

だが、好転して上昇気流に乗った時、他人《ひと》の喜びをそのまま自分の喜びとすることができるかといえば、実際はこれがなかなか難しい。強い信義、友愛、愛情によって結ばれている、との一体感のある間柄ならば可能であろうが、人間はおおむね、生涯不変とはいかない。環境が変われば、人情も変わった。

人はもともと、知り合いの幸福を、素直に喜ぶことができないようにできていた。それも関係性が近いほどに、困難であった。封建制の〝家〟ですら、嫉妬は発生していたのである。

現代社会においてはなおさら、自分の子供が親戚の子に比べて大学受験・就職試験・結婚など、少しでも差をつけられた場合、その親戚の子の幸せを素直に祝福できる人は少ない。つい双方を比べてしまい、そこに嫉妬が生まれてしまうからだ。

前述の家宰道灌の悲劇も、その活躍がむしろ扇谷上杉家内において、マイナスに評価された結果といえなくもなかった。

一方の北条早雲の出自は、室町幕府政所執事《まんどころしつじ》（幕府の政所の長官）・伊勢氏の一族とされており、室町幕府の御家人に連なっていた過去もあったようだが、十一年つづいた応仁の乱がひとまず終息をみたとき、すでに四十代半ばとなっていた早雲の境遇は、出身階層はそのままとはいえ、分限は駿河一国の守護・今川義忠――より正確には、その内室であり、妹である（異説もある）北川殿――を頼った、単なる食い詰めものの牢人でしかなかった。

いわば、今川家の食客となるべく、やって来たにすぎない。北川殿には義忠との間に龍王丸《たつおうまる》

（のちの今川氏親《うじちか》）があり、この子は早雲の甥にあたったわけだが、それだけのか細い縁では、今川家における早雲の、これから先は知れたもの。

彼はただひたすら、境遇のかわる機会を待った。早雲の、他人に真似のできない特質は、自らが何事かを惹《ひ》き起こすといった軽はずみな行動はとらず、一途に忍耐強く〝待ち〟に徹した姿勢であった。そうした客分の立場が、七年に及ぶ。

文明八年（一四七六）正月、遠州潮見坂《しおみざか》（塩買坂《しおかいざか》＝現・静岡県菊川市とも）で起きた一揆勢との抗争において、今川義忠が討死《うちじに》を遂げてしまう。

守護大名が領民に討たれたという、ショッキングな事件により、後継者の龍王丸が幼少であったこともあって、今川家はにわかに家中を二つに割る、争乱の事態に陥った。

しかもこの時、まだ存命中の太田道灌が、今川家の乱れに乗じて関東管領の軍勢で、駿河を手中におさめるべく、内乱鎮圧を名目に進軍して来る事態となった。

早雲にとっては、ピンチはチャンスである。待ち望んでいた局面が、ようやくやってきた。和睦を家中に働きかけた彼は、龍王丸を駿府（現・静岡市）の館へ迎え、道灌の推した今川一族の小鹿範満《おしかのりみつ》を龍王丸の元服までの後見人とし、関東管領の武力を牽制しつつ、やがて龍王丸を元服させると新五郎氏親《うじちか》を名乗らせた（このとき、すでに道灌は殺されている）。

今川家の内戦を回避して調停した、道灌の名采配であったといえる。第三者的な立場が、幸いしたのであろう。この一件での忠功を賞された彼は、駿河の富士郡下方《しもかた》の庄（現・静岡県富士市）を今川家より賜わって、興国寺城（現・静岡県沼津市）を居城とすることになった。

興国寺城に移った早雲は、政令を発して領民の疾苦の状況を調査し、賦税を軽減するとともに農業を奨励した。そして蓄えてあった金銭についても、領民に低利息で貸与している。

その一方で彼の目は、伊豆国韮山城（現・静岡県伊豆の国市韮山）の北条氏にむけられていた。なぜか。早雲は、人間の機微を理解していた。

嫉妬が越えさせた〝箱根の険〟

今川氏にすれば、代々の家人ではない早雲は、所詮《しょせん》、余所者《よそもの》にすぎない。非常事態に遭遇して、彼の活躍に感謝はしても、喉元過ぎれば熱さは忘れるもの。やがて余所者がのうのうと暮らしている姿に、おもしろくない感情を抱く者が出るのは明らかであった。城を持たない今川家の、有力家臣もいたであろう。

そうした者の嫉妬を避けるには、今川氏の領内から外へ出る必要があった。これは実に良い判断であったといえる。グズグズしていては、わが身があぶない。〝緑色の目をした怪物〟を早雲は恐れていたのだ。

目をつけた伊豆国韮山は、将軍の下に執権という権力ポストを創った、鎌倉幕府の北条氏の流れを汲む城主家であり、当主が亡くなって間髪を容れず、どういうわけでか早雲に、ぜひ養子入りしてほしい、との依頼をもたらす（異説もある）。

おそらく早雲が、日頃から忍耐強く誼《よしみ》を通じて、北条家の家臣の主だった者を懐柔していたのであろう。少なくとも年齢的には、六十歳の人物を養子に迎えることは考えにくい。が、この韮山城入りは早雲にとって、まだまだ野望の途中でしかなかった。

彼は今川氏親の信任が厚く、家中にも重きをなしている間に、〝箱根の険〟を越える計画をもっていたのだ。そのうち、譜代の家臣の中に、己れの存在を心よく思わぬ者が出現する懸念があった。そんなおり、氏親と意見の対立でもあれば、早雲は太田道灌の二の舞となる。

共通の敵がいるとき、その相手が巨大であったならばなおさら、内側の結束力は強いもの。

世はすでに、乱世であった。主君や重臣たちと感情的に行き違ったとき、わが身をどう処するか。隠遁するか、主君を倒すか。はたまた斬られるにまかせるのか、それとも別な道をきり拓《ひら》くか――早雲は熟慮したうえで、別の道＝箱根越えを計画したのであった。

この別の道の選択は、自らが新天地を求めることで生命《いのち》ながらえ、一方では今川家の安泰をはかることにもつながった。まさに、一石二鳥の妙案であったといえる。

延徳三年（一四九一）四月二日、「関東公方」の一《いっ》・堀越公方の足利政知が没し、長子の茶々《ちゃちゃ》丸《まる》が跡を継承した。そして七月一日、その彼が何を思ったか継母を殺害し、継母が産んだ幼い弟をも殺すという事件を引き起こす。早雲はこの事件の報に接するや、すぐさま家督を息子の氏綱《うじつな》に譲り、自らは剃髪して早雲庵宗瑞と称し、隠居宣言を発した（この家系が、北条氏を名乗るのは次代の氏綱の代から）。

そのうえで、病気療養と弘法大師の霊跡を巡礼する、と周囲には吹聴しながら、早雲は伊豆の修善寺温泉に向けて出発し、しばしの逗留を決め込む。

――茶々丸は、この偽装と早雲の年齢に油断した。

早雲は温泉につかりながら、退屈をまぎらわせるために、と称して山樵《きこり》を呼び、伊豆四郡の地理をこまごまと尋ね、うわさとして伝わる各々の武家、国人の内情などを、聞き上手に徹してしゃべらせ、幾人となく人々と接して、知りたいことを聞き出すと、そそくさと駿河に引きあげていった。

彼の目は、後方の堀越公方をかつぐ実力者の、関東管領・山内上杉氏にも向けられており、その動静は逐一、伝えられていた。この用心深い男に、ぬかりはなかったろう。他方の合戦に出撃して、堀越館（堀越御所）の警固が手薄になるのを知るや、手勢二百人と今川家からの援兵三百人の、合計五百人を率いて、早雲は堀越館を包囲すると、火を放って激しくこれを攻めたてた。

「われは今川殿の代官なり」

そういいつつ堀越公方の茶々丸を追い落とした早雲は、この公方を韮山の願成就院《がんじょうじゅいん》にて自害せしめている。伊豆の人々は、早雲の軍勢に恐れをなして一斉に逃げ隠れた。

しかしながら、ここでも早雲は人心の鎮静化と掌握につとめ、他方、疾病《しっぺい》に苦しむ村人には手厚い救済をおこない、人望を高めることを忘れなかった。

徒手空拳で、ついに伊豆一国を横領した早雲――この辺りで己れの野望の矛をおさめてもよかった。今日の感覚に置きかえれば、八十歳を超えてなお、新規の事業に乗り出す経営者がいるか否か。そのように、比較検討してみるとよい。にもかかわらず彼は、さらに箱根の向こう側――相模国小田原を欲する。なぜか、まだ安心ができなかったからだ。

もしも駿河国今川氏と戦うことになった場合、伊豆一国では国力の差が大きすぎた。それを補うために早雲は、小田原を必要としていたのである。

早雲が実行した嫉妬を買わない方法

明応三年（一四九四）八月二十六日、小田原の名将・大森式部小輔氏頼《しきぶのしょうゆうじより》が病没した。

氏頼のあとは、その子・信濃守藤頼《ふじより》が嗣いだが、早雲はしきりとこの人物に親交を結びたい旨を伝え、若き後継者を持ち上げて油断させ、一気に小田原城を乗っ取ってしまった。

六十四歳にして箱根を越えた早雲は、その後、さらに二十四年間（十七年間とも）を生きたが、さすがにこれ以上の領土拡大は考えなかった。彼は今風にいえば、〝一人勝ち〟したと思われることを、徹底して避けたのである。これ以上、何処かを攻め取れば、四方の実力者たちから畏伏《いふく》され、恐怖はやがて早雲の〝一人勝ち〟を許すな、との大同団結になる懸念があった。

まさしく、太田道灌の晩年のように——そうなれば、四面楚歌となってしまう。

日本人はとりわけ、〝一人勝ち〟を嫌い、そういう人物を嫉妬する民族の性癖のようなものを持っていた。必ず、皆してその足を引っ張った。攻めから守りに転じた早雲は、徹頭徹尾、領民をいつくしみ、下剋上を手伝わせた今川家や別途、山内と扇谷の両上杉家との交際にも細心の注意を払った。

一介の浪々の身から、早雲はついには戦国大名の先駆けに登りつめたが、その成功の秘訣は、すでにみた〝忍耐〟に徹する姿に尽きたが、その根底にあったのは、人間感情の機微を察する、苦労人の早雲ならではの配慮に負うところが大きかった。

「竊《ひそか》に恐るらくは、後《のち》の今を見むこと、今の古《いにしえ》を見る猶《ごと》くならむ」（『古語拾遺』）

といったのは、平安時代初期の神祇官《じんぎかん》・斎部広成《いんべのひろなり》であったが、人間は「そういえば、あの時——」と遅まきながらに、過去をふり返って気づく生きものである。愛情や信頼は、ほんのわずかな感情の行き違いで、瞬時にして憎しみや怒りにかわるもの。かの清少納言もいっている。「世の中になほいと心憂《こころう》きものは、人ににくまれんことこそあるべけれ」(『枕草子』)早雲は、今川家の人々に嫉妬されることを恐れた。彼の場合、人をおとしめて己れがのし上がるという荒技を用いただけに、なおさら周囲はこの成り上がり者を恐れ、忌み嫌い、余所者に〝緑色の目〟をむけることが予測できた。

早雲の警戒は、徹底したものであったろう。その証左に彼は占領地の民に慕われ、飛躍する端緒ともなった今川家の人々にも、心底、信頼されつづけた。

信義を貫くためには、七十を超えても早雲は関東の合戦に付き合いで出撃している。この律儀さの演出こそが、嫉妬をかわす秘訣であり、この人物を長生きさせてその名を、後世に伝える源となった、と考えるべきではあるまいか。

現代を生きるわれわれも、嫉妬を買わない工夫については、熟慮すべきである。

最も良い説得方法の一つは、相手に気に入られることである。うまく気に入られるためには、交渉家は気持ちのよいことを話すように努力し、また、耳障《みみざわ》りな(聞いていやな感じがする)話も、言いまわしや、語調や、表情や身振りをえらんで、やわらかく聞こえるようにつとめなければならない。(カリエール『外交談判法』)

——一理ある。とりわけ、上司に対しては。

己れに靡《なび》く者には慈悲をもって接し、逆らうものには断固とした姿勢で臨む——これは戦国乱世の鉄則だが、この時代とは異なる現代社会においては、敵を討つことよりもむしろ、周囲の人々に常日頃から気を配り、常に嫉妬されないように心掛けるべきである。

それが保身にもつながるのだが、これまでみてきたように、言うほどにこのことは簡単ではなかった。なにしろ、どれほど用心しても、密かに身辺にしのび寄ってくるのが嫉妬の影である。

人間そのものが難解なうえに、嫉妬の感情は魔魅跳梁《まみちょうりょう》の世界——これをかわすのは容易なことではない。とくに相手が上司で〝力〟をもっていれば、下の者はその対処に困惑してしまう。

しかし、この難問を解決しなければ、おちおちと現代社会は生きていけない。

老成者・老人も嫉妬する

上司のついでに、老成（経験を積んで、熟練した）者、老人についてもみてみたい。

人間、年をとると食べ物の好みがあっさりと淡白になるように、人柄も全体に枯れるもの、との思い込みが一般にはある。嫉妬などという生《ナマ》な感情とは無縁となる、と信じている人もいるようだが、これは明らかな誤解であろう。

老成者も老人も、むしろ年齢と共に不平・不満は募り、他人《ひと》に嫉妬する傾向が強かった。とくに気力、体力の衰えが自覚されるようになると、嫉妬の炎は生活の変化とともに燃え立った。反省、過去への追憶が、多くの悔いにつながっていくからである。世の中で後悔のない一生を送れた人は、老成なり老人となる現実をそのまま素直に受容できる人であろう。

すでにみた、天智天皇や天武天皇、北条早雲や織田信長あたりは、やるだけのことは精一杯やった、との自負心があり、自分の切り開いた未来＝過去も＝人生にも、後悔などなかったかもしれない。だが大半の人間――歴史上の人物も――は、過去に残してきたたくさんの悔いを、老いてからもてあますもの。

もっといい仕事（質量ともに）をしたかった、もっと上の地位につきたかった、もっとすてきな異性と交際したかった、もっとすばらしい相手と結婚したかった、もっといい家庭を築きたかった――さまざまな心残りが、脳裏を去来《きょらい》（行ったりきたり）する。

そうした老いた自分の目前で、こちらの後悔をたやすく否定するように――多くの場合は、若い世代――が、これみよがしにあれこれ実践してみせると、目撃あるいは見聞すればするほど、すべてが癪《しゃく》の種となって、ここに嫉妬が頭をもたげてくる。

ラ・ロシュフコーはいっていた。

「年寄りは、悪い手本を示すことができなくなった腹いせに、良い教訓を垂れたがる」

(『箴言集《しんげんしゅう》』)


現代社会にも、同質の人＝老いてなお嫉妬深い性格のため、嫌われる人がいる。

とくに公務員、サラリーマンで、定年退職後に経済力が低下したり、病気のあと気弱となって、家族の〝家長〟としての立場を失った(あるいは放棄した)人の中に、

「今どきの若いものは……」

と呟《つぶや》く人は、腹中にいくつもの不平・不満をかかえていることが少なくない。極論すれば、心に余裕(社会的、経済的、経験面)のない親は、自分の子供に対してすら嫉妬する。

すでにみてきたように、外に対する内——家族感情は強い結びつきをもつものだが、家庭・家族においてはかならずしも一枚岩とはいかない。すべての国家、組織がそうであるのと同じように。

一般的に、親は老いてくると、この人間の必然性＝衰退に対する運命が、そのままに容認できなくなる。思い切る、悟る以外に解決策はないのだが、なんとかならないものか、とここでもがき苦しみ、それが原因で欲求不満となった。配偶者、息子や娘に、言葉に出して説明できないもどかしさが蓄積されていく。

そうしたおりに、ふと息子や娘が無遠慮な若々しさ、輝くばかりの可能性を誇示したりすると、いまいましくてたまらなくなる。それが重なると、親は自分のことばかりを考えるようになり、子供を他人としてしかとらえられなくなってしまう。

たとえば子が、成功話や出世話などをすると、かつては小学校などで、良い成績をとって自慢すれば喜んでくれた親が、即「私がお前と同じ歳のころはな――」とか、「一度や二度の成功でうぬぼれるな、たまたま運がよかっただけだ」と、落ち目になった自分の尺度で批判をするようになる。

そういえば、天下人となった徳川家康にも、この老人ゆえの嫉妬は存在した。最もよく表れているのが、贅沢《ぜいたく》に関する妥協なき彼の態度であった。

将軍職を息子の徳川秀忠にゆずり、〝大御所〟となった家康は、執拗《しつよう》に（がんこに、自分の意見を通そうとするように）質素倹約の徹底を命じている。

主旨は、次のようなものであった。

太廈千間夜臥《たいかせんげんやが》八尺、良田萬傾日食二升《りょうでんばんけいなるもひにしょうをしょくす》とて、千畳敷萬畳敷《せんじょうじきまんじょうじき》の家をもちても、臥《が》するところは一畳なり。また前に八珍をつらぬるといへども、食するところは、口にかなふもの二三種に過ぎず。天下の主《あるじ》にても、つづまるところは唯《ただ》一飯より外は用なし。しかるに何ぞや民を苦しめ、ひたすらに身の栄耀《えいよう》を好み、金銀をたくはへ、身に代る家人《けにん》たちを思ひつかざるは愚《おろか》なる事なり。（『提醒紀談《ていせいきだん》』）

家康の愚痴は、一見、もっともらしい。いかに大きな屋敷に住まおうとも、寝るのには一畳あれば事足りる。また、どれだけ珍味の料理を並べられても、食べる量は知れているものだ。天下人といえども、結局のところご飯さえあれば、ほかにこれといって必要なものはない。にもかかわらず、一身の栄華や富貴を望んで、民を苦しめ家人のことを思いやらぬほど、愚かなことはない、と隠居した天下人はいうのである。

なぜこの発言が、老人特有の愚痴となるのか。嫉妬が起きるのは、かけがえのないものを失ったり、失いそうになったときだとの条件がついたことはすでに述べてきた。

家康、贅沢と戦う

三河（現・愛知県東部）の片田舎から出発した家康が、曲がりなりにも天下を取れた原動力は、粗食に耐え、質実剛健の生活を維持した、戦国屈指の〝三河武士団〟があればこそであった。

ところが皮肉にも、戦乱の世を終わらせ、泰平の世を開いたことが、結果として家臣団の生活を充実、向上させることにつながってしまった。なにしろ、徳川家が天下を取ったのであるから。旗本たちは当然のごとく、その栄耀栄華を享受しようとした。

散々、苦労してきた家康にすれば、これほど腹立たしいことはなかったろう。

嫉妬は、大義名分＝「合理化」を持つもの。

「このままでは、純朴な三河の気風が失われる」

彼は躍起《やっき》となって吝嗇《りんしょく》（けち）を説き、粗食を率先推奨した。

とくに、具体的に用いたのが麦飯であった。駿河に隠居していた家康は、鷹狩りのおりなどに、あえて周囲にこれみよがしに麦飯を持参した。周囲へのデモンストレーションといってもいい。効果は上々で、彼の麦飯は当時、相当に有名となっていた。

――これにまつわる挿話も、数多く残されている。

たとえば、あるとき鷹狩りに出た家康が、ときおり囲碁の相手を命じる瀧善左衛門《たきぜんざえもん》という、商人の家の前を通りかかった。供につれて行こうと思い立ち、ふいに立ち寄ると、おりしも瀧家では食事の最中であった。家康はこの時、食卓の内容を目撃したようだ。

鷹狩りの供に善左衛門をともなわず、翌日、囲碁の相手に彼がまかり出ると、家康はいつになく不機嫌で、その方の家のこれからは覚束《おぼつか》ないぞ、といい出した。そして、付言して、

「白米の飯を食べるような心得では、先が思いやられるわ」

と、さも憎々しげにいったという。

善左衛門はそれを聞いて、さては……と、とっさに昨日の食卓を思い出した。麦飯を食さず、白米を食べていたのだ。そこで、

「昨日のあれは白米ではなく、豆腐滓《かす》をかけた麦飯でございました」

といったところ、家康の機嫌がなおったという。

徳川家康は明らかに成功者であり、傍目には幸福な老人と見えたであろう。しかし、それでも老いはくやしさ、悲哀と嫉妬をもたらすものなのである。九死に一生のような生涯をたどり、ようやく天下統一ができたかと思うと、なんの力も貸さず、ようやく手にした実だけを食べてしまう若い旗本たち――家康はこの怒りを、贅沢撲滅に向けた。

だが、いかに彼が声を嗄《か》らせて孤軍奮闘しても、時勢そのものには勝ちようがなかった。

人は一度手にした贅沢を、手放したりはしない。

皮肉にも、泰平の出現は物資の往来を活性化し、街道、海路は整備され、人々の往来は頻繁となって、その結果、質量において人々の生活は、嫌《いや》がうえにも向上していった。

家康にとどめをさしたのが、南蛮・紅毛貿易による品々であった、と筆者は見ている。

煙草《たばこ》や絹、菓子（金ぺい糖、カステラ、パン、ボーロ、ビスケット）、ぶどう酒のみならず、

南瓜《かぼちゃ》、砂糖、こしょう、唐辛子――云々。

その多くは、ポルトガル、スペイン、のちにはイギリス、オランダの商人たちがもたらした高価な品々であり、それらの未知なる品や味は瞬《また》く間に日本中を席巻、魅了した。

なんのことはない、「贅沢は敵だ」と唱えつづけた家康ですら、その死後の財産分与をみると、多くの南蛮品に親しんでいたことが知れる。

いかに天下人が嫉妬しても、時勢――〝美味〟も含め――には、勝てなかったということになろうか。

男の敵は男

第四章

冴えに冴えた黒田官兵衛の策謀

これまで幾つかの事例をみてきたが、部下は上司の嫉妬から、そもそも逃れる術《すべ》はないのだろうか。実は歴史の世界には、いくらでも汎用《はんよう》のきくケース・スタディーがあった。

たとえば、戦国武将・黒田官兵衛――彼は天下人に王手をかけた豊臣秀吉に、その雄渾《ゆうこん》な器量を嫉妬され、あやうく殺されるところであった。

ことのおこりは、第一章でみた天正十年(一五八二)六月二日の〝本能寺の変〟であったといってよい。このおり羽柴秀吉は、織田家の中国方面軍司令官として、毛利方の備中高松城(城将・清水宗治《むねはる》)を攻めていた。〝水攻め〟が功を奏し、高松城は今や水没の一歩手前。主君信長が出馬すれば、この一戦はかんたんに方《かた》のつくものとなっていた。

ところが、肝心の信長が横死してしまう。高松城のむこうには毛利勢三万があり、後方の京都には信長を討った明智光秀の軍勢一万六千がいた。中国方面軍は二万七千五百余あるとはいえ、この軍は混成部隊の寄合所帯で、岡山の宇喜多勢一万などは、信長の死を知ればたちどころに離反する恐れがあった。方面軍のうち、秀吉の直属家臣団は六千にすぎない。

下手をすれば秀吉の方面軍は、敵地のまっただ中で空中分解し、自滅する恐れすら生じていたのである。秀吉の首をもって、毛利氏か光秀のもとへ、走ろうとする不届き者も少なくなかった。わずかに秀吉にとって幸いしたのは、〝本能寺の変〟を知らない秀吉の陣地に、六月三日の真夜中、光秀が放った毛利氏への密使が道に迷い、間違えて秀吉のもとに密書を届けてしまったことぐらいであろうか。

これには別に、京にあった長谷川宗仁《そうにん》（京都の町衆から、信長の代官となった人物）が、黒田官兵衛のもとに飛脚を送ってよこした、との説もあったが。いずれにせよ、

「上様が亡くなられた！」

事の次第を知って、秀吉は大泣きに泣いたという。が、かたわらの官兵衛は泣いてなどいられない。秀吉率いる中国方面軍を、空中分解の危機から救わねばならなかった。

情勢の急変をさとられないように、城将・清水宗治はあくまでも本人の申し出で自刃、と毛利氏の外交僧・安国寺《あんこくじ》恵瓊《えけい》にいいふくませて説得させ、すぐに切腹させて、その死を見とどけて毛利氏との和睦を成し遂げると、官兵衛は秀吉にとって生涯最大の転機、〝中国大返し〟に打って出ることになるのだが……。

当初、さしもの秀吉も、この四面楚歌の中でどう動けばいいのか、かいもく情勢旋回策が思い浮かばなかった。前に動いても後にむかっても、絶体絶命の〝切要〟——その秀吉に、

「このままでは滅びますな」

よそごとのように、官兵衛はいう。それでなくとも小柄な秀吉は、身《み》の丈《たけ》がみるみるちぢんでいくようであった。

「――しかし、手はあります」

この最大の危機に直面して、官兵衛の口にした秘策は、まさに戦国時代最高の奇手であったといえる。彼は一つのうわさを方面軍の中に流すことで、この絶体絶命の危機を好転させ得るといい、事実そうなった。

「本能寺で横死した上様（信長）の仇を討てば、秀吉どのが天下人となる。そうなれば功名の将は大名へ、足軽は一軍の将ともなれる。これほどの好機が生涯に、一度めぐってくるものであろうか」

このうわさは虹のように輝き、光輝を増して方面軍に広まり、将兵たちは己れの野心＝出世を夢見て血相をかえた。これが〝中国大返し〟の、成功の真因であった。

なぜ、彼らはわずかな日数で上方へたどりつけたのか。将兵たちは秀吉に叱咤激励されるまでもなく、自分たちの私利私欲を胸に抱いて、栄達の夢を大いにふくらませ、上洛の道をわれ先にと急いだのである。我欲のエネルギーの、凄まじさであった。大欲は小欲を消し去る。しかもこの場合の大欲は、大義名分のある主君の仇討ちであった。

その証左に、中国方面軍の将領の中で、秀吉の首をあげる方向へブレた人間はいない。

千慮の一失が生命《いのち》取り

ただ、この起死回生の妙手を考えた時、さしもの官兵衛も内心、興奮していたのかもしれない。秀吉にいわなくともよい一言を、つい口にしてしまった。

「うまくやりなさい、これで天下はあなたのものになる」

これを聞いた時の、上司たる秀吉の心中はいかばかりであったろうか。

秀吉には、官兵衛に自らの窮状を救ってもらったことに対する、心からの感謝の気持ちは湧かなかったにちがいない。名状しがたい、それこそ表情から意識して隠さねばならないほどの嫉妬が、心中に渦巻いていたかと思われる。

「出すぎるな」

と官兵衛の発言を怒鳴りつけたいような怒りと、半面、自分と同じレベルで――先の先――を考えている男が、すぐ横にいることに対する驚怖《きょうふ》（おどろきとおそれること）、年齢的にはその若さに負けた、との敗北感が大きかったのではあるまいか。

（こんなことなら、正面の毛利軍と正々堂々と雌雄を決して、反転、光秀を討てばよかった）

そうした愚にもつかない机上の作戦すらが、おそらく頭に浮かんだことであろう。

聡《さと》い秀吉はからくも、私情をことごとく胆《はら》におさめたが、このおり自らが官兵衛に抱いた思いを、彼は終生忘れることはなかった。この日から、秀吉の官兵衛への接し方が定まったように思われる。官兵衛は、己れの天下取りには必要不可欠な〝知恵袋〟ではあるが、天下を取ったあと、一番恐ろしい存在となる。少なくも秀吉はそう悟り、そのことを前提に官兵衛の使い方を考えるようになった。

そして島津氏を屈服させ、九州を平定した秀吉は、天正十五年（一五八七）六月七日に筑前博多の筥崎《はこざき》（箱崎）に至り、ここでおおまかな論功行賞をおこなう。

「官兵衛にはそうじゃな、豊前国の三分の二ほどもやろうか……」

そういった秀吉は七月三日、豊前小倉城に入って、詳細な九州仕置を発表した。ここで官兵衛の豊前六郡（京都《みやこ》・築城《ついき》・仲津《なかつ》・上毛《こうげ》・下毛《しもげ》・宇佐《うさ》）の知行が、正式に決定する。十二万石（実高十八万石）であった。『黒田家譜』（貝原益軒《かいはらえきけん》著）はこの評価を、どうみていたか。

秀吉公初《はじめ》より孝高《よしたか》（官兵衛の諱《いみな》）の才智を知《しり》て、兄弟の約をなし、かたハ《ママ》らに置《おい》て其謀を用《もち》ひ、あるひは代官（代理）として敵をうたしめ、終《つい》に天下を草創し給ふ事、偏《ひとえ》に孝高の功なれば、其恩賞莫大なるべきに、孝高の大志あるを忌給《いみたま》ひ、其上《そのうえ》石田治部少輔《じぶのしょう》（三成）等の権臣も、孝高の高才有《あり》て我にへつらハ《ママ》ざるをそねミ《ママ》て、時々讒《ざん》をかまへければ、其功ハ《ママ》大なるといへとも、終に大国を賜ハ《ママ》らす。

石高の多い少ないについては、ふれていない。が、益軒はこのあと、すでにみた『十八史略』と同じ意味の、「高鳥盡《つき》て良弓蔵《しまわ》るるといへるがごとし」を述べていた。武功に対する評価は、つまるところ低かった、との見解となる。

しかし、嫉妬心からえこひいきな論功行賞をおこなえば、秀吉は本性——小心者——を第三者の諸侯に気づかれ、〝大気者〟の外装を疑われかねない。筆者は黒田家の動員兵力と以前の石高から推考して、十二万石は妥当——少なくとも官兵衛の〝大志〟をおそれた秀吉が、石高をあえて抑えた、とは思わない。そのかわりに、秀吉は官兵衛の生命《いのち》を狙っている。

九州ではこのあと、大規模な太閤検地に反対する一揆の一斉蜂起があり、かつての秀吉の同僚で、臣下となった佐々成政《さっさなりまさ》などは、与えられた肥後（現・熊本県）を鎮圧できなかった責任をとらされ、切腹させられる。

官兵衛に与えられた領地には、豊前の城井谷《きいだに》が含まれており、ここには宇都宮鎮房《うつのみやしげふさ》氏という地生えの国人領主があり、彼は秀吉の九州征伐に進んで協力しながら、いざ論功行賞となると、秀吉から一方的に伊予か上筑後《かみちくご》（現・福岡県西北部）のいずれかに転封せよ、と命じられる。

秀吉が仕掛けた罠

城井谷は、鎮房の祖先である初代信房《のぶふさ》が、鎌倉幕府を開いた源頼朝から拝領した土地であった。四百年十八代にわたって、治めて来た土地である。愛着も大きい。それを捨てて、別天地にむかえといわれても、鎮房にすれば到底、素直に聞ける話ではなかったろう。苦悩した彼はやがて怒りを発して、新天地への知行宛行状《ちぎょうあてがいじょう》を秀吉に突き返す。

ここで、官兵衛の同僚・毛利（森）勝信《かつのぶ》（前名は吉成《よしなり》）が仲裁の労をとろうとした。とりあえず、自領の田川郡に移って、村を一つ預けるから、ここでねばり強く本領安堵を秀吉へ働きかけてはどうか、と提案したのである。ところが、このタイミングで九州一円の一揆の一斉決起が起きた。鎮房は交渉の道を捨てて、あっさりと城井谷を武力で奪還する。

筆者はこれこそが、秀吉のしかけた官兵衛を殺す謀略であった、と考えてきた。

このおり、城井谷に立籠った鎮房に官兵衛の嗣子・長政が挑んだものの敗北。結局、官兵衛は長政に鎮房を暗殺させ、むりやり一件を落着させたが、明けて天正十七年（一五八九）、官兵衛は突然、家督を長政に譲り、自らは隠居を願い出た。四十四歳、まだ若かった。

秀吉は承知をせず、困った官兵衛は御台所＝正室の北政所から秀吉を説得してもらい、ようやく隠居の許しを得た。家督を継いだ長政は、このとき二十二歳である。

官兵衛はなぜ、この時期、いそぎ隠退を望んだのであろうか。宇都宮鎮房を謀殺した一件が、心に大きな傷となっていたのは間違いあるまい。だが、それだけではなかったような気がする。

ここで登場するのが、世に知られた挿話である。


ある一日、秀吉はたわむれに近臣に向かって、わしが死ねば誰が天下を取るであろうか、忌《き》憚《たん》のないところを申してみよ、といった。そこで人々は己れの意中を口々にいったが、いずれもは五大老（徳川家康・前田利家・小早川隆景・毛利輝元・宇喜多秀家）の中の人の名であった。すると秀吉は頭をふって、否、一人だけ天下を取り得る者がいる。そちたちはそれを知らぬのか、という。一同が判らないと答えると秀吉は、あの跛足《ちんば》（官兵衛のこと）が天下を取るであろう、といったので皆の者は、彼《か》の人はわずかに十万石《ママ》、どうして天下人になどなれようか、と口々にいい合った。そこで秀吉はいった。

「そちたちは未《いま》だ彼《か》の男をよく知らぬゆえ、疑うのだ。わしがかつて備中高松城を攻めたとき、右府（織田信長）の訃報が届いたので、日に夜を継ぎ東上して明智を討滅したが、以来、戦うこと大小数回もあった。わしは大事の場に臨んで息の詰まる思いもし、謀《はかりごと》もあれこれと決めかねることがあった。そうしたおり彼に相談すると、たちどころに裁断し、思慮は些《さ》少《しょう》は粗忽《そこつ》で荒っぽいものの、ことごとくわしが熟慮の結果と同じであった。ときには、はるかに意表をつくものさえ数回あった。彼はその心は剛健で、よく人に任じ、度量が広く思慮深く、天下に比類なき者だ。わしの在世中といえども、もし、彼が天下を望めば直ぐにも得るであろう〈後略〉」（筆者『現代語訳　名将言行録　智将編』）

『故郷物語』（竹井某著）では、秀吉のお伽衆の一人となっていた山名禅高《ぜんこう》（豊国《とよくに》）が、秀吉に同様のことを尋ねられている。湯浅常山《ゆあさじょうざん》の手になる『常山紀談《じょうざんきだん》』では、官兵衛が直接、秀吉に問われることになっていた。天下を取るのは毛利輝元どのですか、と官兵衛が答えると、

「いや、目の前の奴じゃ」

と、秀吉は答えたという。

官兵衛は自らが黒田家の当主であるかぎり、この先、どれほど自分や黒田家の将士が手柄を立てても、秀吉は禄高を増やすつもりはない、と確信した。

官兵衛隠居と半兵衛の覚悟

加えて、先の『黒田家譜』にもあった「権臣等」の存在も大きかった。

秀吉が官兵衛を妬《ねた》む心を、側近くにいて的確に汲み取れる人物がいた。「五奉行」（浅野長政・前田玄以《げんい》・石田三成・増田長盛《ましたながもり》・長束正家《なつかまさいえ》）の面々である。なかでも中心人物で、今や一番の権臣といってもよい三成は、秀吉の心の中を慮《おもんぱか》ることにかけて、おそらく右に出る臣下はいなかったであろう。時代がいつしか、側近政治から集団＝官僚政治へと移行しつつあった。秀吉と帷幄《いあく》にあって、直接、秀吉に助言をするというスタイルが、豊臣政権の樹立、組織体の整備の過程で、すでに過去のものとなりつつあったのだ。それほどに、豊臣政権は膨張したといってよい。無理もない、織田家より以上に、豊臣家は大きくなったのだから。

筆者はかえすがえすも、官兵衛を隠居させ、遠ざけようとしたことは、秀吉の大失策だったと思う。なぜならば、官兵衛は生涯、主人と仰いだ人間を、自分の方から裏切ったことはなかった。小名の小寺家から織田家――正しくは羽柴秀吉――へ、その身を移したのは、主家小寺氏の裏切りに会って、摂津有岡城《ありおかじょう》（現・兵庫県伊丹市）の荒木村重《むらしげ》のもとへ説得に出向き、牢獄へ閉じ込められ、殺されそうになったことを受けての処置であった。

しかも官兵衛はのちに、憎んでもよい旧主の小寺政職《こでらまさもと》を殺さず、その子を客分として黒田家に迎えている。これはなかなか、できることではない。先の秀吉の言葉を借りれば、「其心《そのこころ》剛健、能《よ》く人に任じ、宏度深遠《こうどしんえん》、天下に比類なし」である。

秀吉が官兵衛に嫉妬せず、怖れずに、すべてを委ねるつもりで帷幕に置きつづけていれば、己の死後、関ヶ原の戦いそのものが防げた可能性は高い。よしんば決戦がおこなわれたとしても、黒田長政が舞台裏にまわって福島正則らを説得することはなく、家康に一日で天下を取らせるような結果にはいたらなかったはずだ。

やはり秀吉の主人としての度量に、そもそも問題があったのかもしれない。否、彼も老いたということであろう。秀吉の養子・秀勝は天正十三年（一五八五）に、十八歳で病没している。天正十七年五月に生まれた鶴松は、あっさりと夭逝。心底、頼りにしてきた弟の秀長も、天正十九年正月には他界している。改めて文禄二年八月（一五九三）八月に生まれた秀頼は幼く、自らの家臣団が成長するにはなお、時間を必要としていた。幼いわが子に目がくらんだ秀吉は、甥の関白秀次を高野山へ追い、切腹させてしまった。

このあたり、壬申の乱で愛息・大友皇子を失った天智天皇にも通じるものがある。やはり、嫉妬は拡散し、発した本人にもかならず反射があるもののようだ。

官兵衛の心中を同様に、しかも最も素早く事前に理解していたのが、〝名軍師〟の呼び名も高い竹中半兵衛であったろう。

彼は天文十三年（一五四四）の生まれで、官兵衛より二歳の年長となる。竹中家は美濃の国主であった斎藤氏に仕えた被官であったが、天下の堅城・稲葉山城を半兵衛はたった十六人で乗っ取るという、〝奇跡〟を演出したことで知られている。

信長の美濃合併後、織田家の目付として秀吉のもとで、半兵衛はその補佐役をつとめた。彼は中国方面軍にも参加、官兵衛が荒木村重説得に出むき、有岡城内の牢へ幽閉されたおり、主君信長から裏切りを疑われた官兵衛の処罰として、その子の松寿《しょうじゅ》（のちの長政）を殺すように、と命じられた秀吉にかわって、殺害をうけおいながら、己れの生命《いのち》を懸けて松寿をかばい切ったこともあった。覇王信長にはむかいながら、事後に感謝された例外の中の例外の人でもある。

その半兵衛は、有岡城に入ったまま消息不明の官兵衛を無視するように、天正七年六月十三日、三木城攻めの前日に没している。享年三十六。肺の病による、若すぎる死であった。

興味深いのは亡くなる前、彼は密かに高野山に隠棲することを考えていた点である。なぜ、若くして俗世をはなれたがったのか。無論、体のことがあったが、それだけではなかった。

半兵衛は仕える上司＝秀吉の本性を、すでに見抜いていた形跡がある。

范蠡のいい分と同じであった。苦労は共にできるが、栄達を一緒に祝うことはできない。少なくとも半兵衛は秀吉の人となり、心の奥底にわだかまる劣等感、嫉妬の凄まじさに、最も早く気がついていたことは間違いない。

その証左に、秀吉から死後の人事＝半兵衛の後継を訊ねられたおり、神子田《みこだ》正治（あるいは、御子田《みこだ》）の名をあげたが、この人物はのちに秀吉の不興を買って、切腹させられていた。

曲がりなりにも、大名で生き残り得た官兵衛を、さすがと讃えるべきかもしれない。

信長の構想を破綻させた浅井長政の嫉妬

上司が部下に嫉妬するケースを散々みてきたが、部下も上司に嫉妬した。他人と自分を対等に比較することをやめないかぎり、わき出てくる負の感情を抑制することはできない。

分相応を考え、腹八分目を心がけ、分限をほどほどにわきまえれば、棚から牡丹餅《ぼたもち》で天下が取れたかもしれない人物に、戦国武将・浅井長政《あざいながまさ》がいた。織田信長の妹で、絶世の美女といわれたお市をもらったことでも知られている。

永禄五年（一五六二）正月、尾張清洲城（清須城）において信長は、三河の松平元康《まつだいらもとやす》（のちの徳川家康）を招き、ここに両者の同盟が成立した（のち信長は、長女の徳姫《とくひめ》を家康の嗣子信康《のぶやす》に嫁がせている）。尾張より東に同盟者を得て心を強くした信長は、同様に西にも同盟者を求め、自領に併合した美濃の西隣に位置する、北近江の戦国大名である長政と手を結ぶことを画策。そして永禄十年（同七年説もある）、自らの妹を長政に嫁がせて同盟成立に漕ぎつけた。

信長の〝天下布武〟構想は、東に家康、西（ないしは北）に長政を配して、双方を競わせ、その要所に自家の重臣たちを配する、そういう方法論であった。

ヒントは一世代上の今川義元による、武田信玄・北条氏康との三国軍事同盟であった。四方向とならなかったのは、南に太平洋があったからだ。

互いに背後をくっつけ合うような、信長の三国同盟策は妙案ではあったが、ものの十年も経たないうちに、三方の一・長政が義兄信長に離反してしまった。なぜ、同盟は破綻したのか。

直接的な理由は、永禄十三年四月二十日（同月二十三日に「元亀」と改元）に京を発した信長が、越前の朝倉義景を奇襲した行為を、長政が約定違反と捉えたことがあげられる。

織田・浅井同盟締結時に、とくに浅井家から申し入れがあり、三代にわたって友誼《ゆうぎ》のある朝倉家と万一、織田家が事を構える場合は、事前に浅井側へ通知する、との約定が交わされていた。にもかかわらず信長は、この事前通知をしないまま、家康や味方の諸勢力をかたらい、連合軍で越前に奇襲攻撃を仕掛けたのである。

「このおりの戦《いくさ》は、将軍・足利義昭を戴《いただ》いての〝公〟のものであり、私戦ではない」

との認識が信長にはあったようだが、長政はこれを認めずに織田連合軍の後方を遮断した。

信長が攻め込んだ敦賀《つるが》平野は、三方を山襞《やまひだ》に囲まれ、一方は日本海に落ちる。

前方から敵を迎えるだけでも本来は難しい地形であった。前後から挾撃されれば袋のねずみで、何処にも逃げ場はなかった。今度の作戦も、朝倉氏の緩慢な体質に加え、浅井氏の協力（黙認と中立）を前提とすればこそのものであったが、信長はどうやら味方のなかの潜在敵対勢力＝浅井久政―長政父子の心情には配慮が足りなかったようだ。

のちにして思えば、このときが長政の生涯を決する、〝切要〟であったろう。

父祖三代にわたって、朝倉氏に恩義のある浅井家では、それに報いるのはこの時とばかりに、隠居の久政は織田連合軍への総攻撃を主張し、長政は当初、それに抗《あらが》ったとはいうものの、結果的には父に追随してしまった。

長政には、信長の〝天下布武〟の理想＝乱世を終息させる志が理解できていた。それでいて同盟破棄、朝倉方への参戦にいたったのは、朝倉氏への情義に引き摺《ず》られただけが原因ではなかった。彼は義兄の一方的で、専制的な言動――第二章でふれた殺戮《さつりく》的独裁の可能性――に怒りと悲しみを覚え、一方で大いなる嫉妬を抱いたのである。

なるほど、信長ほどの人物が義弟とした長政である。彼にもそれなりの器はあったにちがいない。だからこそ、嫉妬の炎を燃やしたのだろうが。冷静に日本地図をながめるゆとり、少なくとも反発する義兄の性格・心情を、長政は客観的に検討してみるべきであったろう。

併せて彼の失敗は、組んだ相手の質が悪かった点も、見落としてはなるまい。

長政の迅速な行動おかげで、絶体絶命の窮地に信長を追い詰めながら、朝倉勢の反撃はどこまでも緩慢であり、せっかくの好機に織田連合軍を殲滅できず、信長を取り逃してしまった。

（こんなはずではなかったのだが……）

と、長政が悔んだかどうか。彼は信長に取ってかわることはできなかった。

嫉妬の波及効果はすさまじい

それにしても長政は、自らが反発した義兄の人となりは熟知していたはずだ。五月二十一日、九死に一生を得て岐阜へ戻った信長は、直ちに断乎《だんこ》たる報復を開始する。

すぐさま、浅井家の内訌（うちわめの・内紛）を画策。木下藤吉郎（のちの豊臣秀吉）や竹中半兵衛に、浅井家に従う近江の国人・堀秀村《ほりひでむら》―樋口直房《ひぐちなおふさ》主従を調略させ、長政から引き離して、その効果があらわれると、すかさず国境辺りの浅井方の砦《とりで》を攻略した。あげく、織田軍は浅井氏の居城・小谷城《おだにじょう》（現・滋賀県長浜市）まで深く侵攻し、領内の村々に火を放つ。

小谷城下を襲撃した信長は一転、後退して臥龍山《がりゅうさん》の山頂にあった横山城（現・滋賀県長浜市）を包囲する。この山の北側には北国街道が通じ、南側には京に通ずる中山道が走っていた。彼は岐阜と京を結ぶ織田家の生命線を確保し、併せて臥龍山の北端・龍ヶ鼻の西にある国友村（現・滋賀県長浜市国友町）＝戦国日本の最高技術をもつ鉄砲鍛冶の集団をも押えたのである。

さらに信長は、横山城を攻めることで若い長政が、遮二無二《しゃにむに》救援に出撃してくることを読んでいた。現に、六月二十八日未明から、姉川を挾んで織田・徳川連合軍と浅井・朝倉連合軍の戦いがおこなわれている。織田軍が浅井勢とぶつかり、徳川軍が朝倉軍と激突した。

浅井勢の形勢が有利な局面――名将・磯野員昌《いそのかずまさ》の必死の攻勢が、織田軍の陣地深くへ切り込む――もあったが、横山城の包囲を担当していた織田家の〝西美濃三人衆〟の救援により、浅井勢は側面を突かれて戦局は逆転。ついには北へ、浅井・朝倉連合軍は敗走することとなる。

両家の命運は、この時、定まったといってよい。

まず朝倉家を滅ぼした信長は、天正元年(一五七三)八月二十六日、越前から近江虎御前山《とらごぜ》へ転戦。その砦に入ると、守将に抜擢していた木下藤吉郎に小谷城攻めについて質《ただ》した。この一戦には配慮しなければならない、特別な事項があった。信長の妹・お市とその子供たちの救出である。これが成功するか否かが、秀吉の出世レースには大きな意味を持っていた。

一説によると、智謀の人・竹中半兵衛がその洞察力をもって一計を献じたという。

すなわち、長政のいる郭《くるわ》と父・久政の守る郭との間にある「京極郭《きょうごく》」を攻撃・占拠し、父子の連絡を遮断することを提案したというのだ。そのうえで、まず久政を討つ。八月二十八日、追いつめられた彼は自害。当主の長政は、妻と娘三人(のちの淀殿《よどどの》、京極高次《たかつぐ》室、徳川秀忠室)を信長の許に送り届けて、別途に嫡子・万福丸を城から落として、九月一日には自ら切腹して果てた。長政の享年は二十九である。

残念ながら父の死後、万福丸は捕えられ、十月十七日、美濃関ヶ原(現・岐阜県不破郡関ケ原町)で磔《はりつけ》となっている。信長は戦後処理をすませると、北近江の旧浅井領の、ほぼ全域を論功行賞として藤吉郎に与えた。のちの石高にして、十二万石ほどになる。

「江北浅井跡一職進退《いっしきしんたい》」

と『信長公記』にあったが、改めてポジショニングを確認すれば、今次合戦における最大の功労者・木下藤吉郎は、新たに羽柴秀吉を名乗ることを許され、なんのことはない。この時点で、信長が構想した三国同盟の一方、かっての長政の位置に座ったことになる。

そのことが、どれほど凄いことであったか。現に信長の死後、秀吉は天下を取っているではないか。長政の信長にむけた嫉妬は、その〝天下布武〟を遅らせる効果はあった。が、もしかしたら自らも秀吉のごとく、躍進できたかもしれない己れの未来を閉ざし、失うことになってしまった。かえすがえすも、残念でならない。

男色は恐ろしい?!

織田信長に関連して、その家臣であり、のちに〝加賀百万石〟の藩祖となった前田利家の生涯も、嫉妬の側面から検証してみるとき、大いに参考となる。

戦国武将として〝天下布武〟を押し進めた信長に、十四歳で仕えた利家は、累進して城持ち大名となり、やがて次代の豊臣政権下では、徳川家康と並び称される〝大老〟となったが、その出身は尾張国海東《かいとう》郡前田（現・愛知県名古屋市中川区）の土豪で、出自は荒子《あらこ》城主の前田利昌《としまさ》の四男でしかなかった。天文七年（一五三八）に生まれているが、彼は本来なら前田家の家督を継げる分限ではない。しかも利家は一度、織田家を牢人していた。

意外なことのようだが、利家は信長の寵愛を受けた時期があった。俗にいう、男色である。あとから考えれば、そのことが彼の前半生を決めた、といえなくもなかった。ただし利家も、ほかの戦国武将の大半がそうであったように、〝両刀使い〟ではあったが。

彼は二十一歳のおり、前田家に以前から養われていた十歳年下の、「まつ」と祝言《しゅうげん》をあげており、二十二歳のおりには長女の幸《こう》にも恵まれていた。当時の成人式＝元服は、平均十五歳ぐらいであったから、イメージで捉えようとすれば、五歳ほども加齢して想像した方がいい。

ところが二十二歳の分別あってしかるべき利家は、血気にはやって同じ織田家の同朋衆・拾《じゅう》阿弥《あみ》を斬り殺し、織田家を逐電《ちくでん》するという事件を引きおこす。ことの発端は、信長に寵愛されている利家に拾阿弥が嫉妬し、利家をこまらせるつもりで、その佩刀《はいとう》の笄《こうがい》（刀のさやに差しておくへら状のもの）を盗んだことにあった。

「念者嫉妬は嬶《かか》（おっかあ）以上」

ということわざがある。ここでいう「念者」は男色関係で、若衆を寵愛する側の人をいう。つまり、衆道《しゅどう》の兄貴分のねたみは、夫婦間の妻の嫉妬よりも恐ろしい、との意だが、もしかすると念者＝信長も加えて、三人は恋愛の三角関係にあったのかもしれない。

一方で当時の利家は、「傾奇者《かぶきもの》」として知られており、非常に短気な若者でもあった。

ここでいう「傾奇者」とは、戦国時代に一世を風靡《ふうび》した武辺者の一種で、性格のかたよりに加えて、異様な服装や行動をすることで、世間をアッといわせることに快感を感じるといった人々であり、利家も日頃から派手な拵《こしら》えの槍をさげ、それをみた人々は、

「又左《またざ》（衛門《えもん》）の槍《やり》」

と、その存在に怖気《おじけ》をふるっていた。

ときは戦国時代、拾阿弥殺害は死罪に処されてもおかしくはなかったが、念者である信長はそのまっすぐな利家の気性に同じ、己れと同じ「傾奇者」の体質者を認めており、利家には出仕停止の措置をとってこの一件を落着させた。

とはいっても、主君信長の正式な許しが出ないかぎり、利家の織田家帰参は叶わない。彼は以来、一途《いちず》に信長を慕い、その尾張平定戦にも陣借りしつつ、必死の働きをつづけた。

信長の本格的な戦国デビュー戦＝今川義元を奇襲した桶狭間の戦いのおりにも、無論、利家は参加している。しかし、なかなか主君の赦免は出なかった。普通ならここで腐《くさ》ってしまい、他家へ流れて仕官してもおかしくはなかったが、利家は実直に織田家に拘《こだわ》りつづける。

そしてようやく、隣国の美濃国攻略戦の途次、帰参が許された。

人間は例外なく、苦労をすると謙虚になる。他人に嫉妬されないようにするにはどうすればいいのかも、世間智として利家は理解できるようになっていた。

「天下、意の如くならざるもの、恒《つね》に十に七八に居《お》る」（『晋書《しんじょ》』）

人生には、どれほど努力をし、懸命に挑んでも、何ともならないことが、とにかく多い。分限しかり。そのことを肝に銘じられるようになると、嫉妬は押さえられる。人間は一足飛《いっそくと》びに、進化を遂げ得るもののようだ。

織田家に戻ったとき、利家は二十四歳になっていたが、この間、冷や飯を食いつつ、それでも一筋に信長を慕いつづけた点が、それからの彼を引き上げることにつながった。

嫉妬の深浅を計算した前田利家

結果、永禄十二年（一五六九）十月には、信長のお声がかりで通常は不可能な前田家の家督を継ぎ、知行二千四百五十貫をもらうこととなる。以後も信長の命運を決する、すべての戦いに従軍。前線指揮官としての武功を輝かせ、北陸方面軍司令官・柴田勝家の幕下に入った利家は、天正三年（一五七五）、越前国の府中城主（三万三千石）となる。

その後も順調に出世し、六年後の十月には能登国（現・石川県北部）一国を与えられ、七尾城主となった。石高に直せば、二十三万石となる。

筆者はこのあたりが、利家個人の才覚の限界であった、とみている。逆にいえば、彼は〝百万石〟の器ではなかった。にもかかわらず、なぜ、利家は功名を遂げ得たのか。

――すべては、〝嫉妬〟の活用にあった。

天正十一年四月、直属の上司である勝家と羽柴秀吉が、亡き信長の遺産相続をめぐって賤ヶ岳で戦ったが、このとき利家は明確な勝家への裏切りを決断している。

勝家と秀吉――この両者の対立にも、その根底には互いにむける嫉妬があった。勝家には織田家筆頭家老としてのプライドがあり、叛将・明智光秀を家老末席の秀吉に、先に討たれたうらみがある。討った秀吉が、世上から浴びた称賛への嫉妬も深かった。

一方の秀吉には、信長の草履取りをしていた頃からの、つもりにつもった勝家への、うらみつらみ、怒りと憎しみが燃えていた。

自らもむけられた嫉妬で苦労した利家は、この二人を実によく観察していた。

「善く人を用《もち》うる者はこれが下《しも》となる」(『老子』)

という言葉がある。人使いの名人は、相手の下手《したて》に出ることができるとの意だが、利家のみるところ秀吉は、へりくだることのできる達人であった。門地家柄に恵まれなかったこの小男は、他人《ひと》に嫌われぬように、常々細心の注意を払っていた。が、一方の勝家にはそれがなく、むしろ成り上がり者の秀吉に対する、侮蔑《ぶべつ》と怒り、嫉妬があまりにも明白《あからさま》でありすぎた。

「おやじさま（勝家）は、天下の人心を得られるか……」

利家は熟慮した。

天正十一年二月二十八日、例年にない大雪に見舞われたなかを、勝家はついに総動員令を発し、自領の北ノ庄（現・福井県福井市）から沿道を除雪しつつ、近江国に向けて進軍を開始する。総勢は二万。ときに勝家軍の先鋒は、猛将で聞こえた佐久間盛政《もりまさ》であった。

一方、秀吉は勝家側についた織田信孝《のぶたか》（信長の三男）を牽制するべく、五千の兵を割《さ》いて岐阜城外に包囲陣を敷き、自身は湖北の賤ヶ岳に急遽《きゅうきょ》、陣地を構築して、その指揮を終えるや一度、大垣に入城している。

戦局の推移は、傍目《はため》には勝家軍有利に映った。が、利家は戦いの行く末を、歴戦の将として冷静に見守っていた。盛政は緒戦に勝利し、さらに四月二十一日には賤ヶ岳の秀吉方要塞を攻略する計画を立案する。秀吉は直ちに、一万五千の軍勢を大垣から進発させた。

午後九時、秀吉は木ノ本（現・滋賀県長浜市木之本町）に到着。勝家は木ノ本北方七キロの、狐塚《きつねづか》まで出撃して来る。賤ヶ岳北方に一時の退却を図った盛政を追い、秀吉は賤ヶ岳頂上の砦に入ると、二十一日午前六時、いよいよ盛政軍との間で、本格的な戦闘がおこなわれた。

戦況は混沌として、双方ともに一進一退がつづく。まさに、この時であった。

突如、勝家方の利家の軍勢が、持ち場を離れて勝手に撤退を開始する。

「思うところあって、帰国いたす」

そう言い残して利家は、塩津の浜を経て越前敦賀へ、己れの軍勢を離脱させた。

当然のことながら彼の裏切りは、勝家方の全陣営を瞬時に瓦解させたといってよい。

通史ではしきりと、秀吉と利家の〝友情〟が説かれているが、残念ながらこの時代、後世にいう〝友情〟という概念はまだ存在していなかった。ことの真相はあくまで、現実の苛酷さ——味方の勝家敗戦を読んだ利家の、自家保全のための方便以外のなにものでもなかったろう。

嫉妬深い勝家では、天下の輿望《よぼう》をになえない——これが利家の、決断の理由であった。

嫉妬が優越にかわる時

もっとも、戦場を退却したからといって、秀吉が利家を許し、認めるかどうかは別問題であり、明らかではなかった。勢いに任せて攻められれば、利家も一網打尽であったろう。

しかし彼は、秀吉の成り上がり者特有の、大気者の演出に賭けた。次の日、利家の府中城(現・福井県武生《たけふ》市)に迫った秀吉は、自らの大軍を離れて単身で城内にやって来ると、利家にただただ〝友情〟を感謝した。利家の面目は、大いに施されたといえる。

秀吉は利家を許し、このかつての「傾奇者」を、豊臣政権の最高幹部にまで引きあげた。

ここで興味深いのは、秀吉は若い頃、利家に激しい嫉妬を抱いていたことである。信長の寵愛、「傾奇者」としてのカッコ良さ、戦場での槍働きの見事さ——どれ一つをとっても、秀吉は利家にかなわなかった。だが秀吉の偉さは、自分の弱さ、醜くて陰惨、陰湿な感情を、心的エネルギーとして「競争」というフェアなプラスの感情に、転化したことである。

負けてたまるか、と熾烈《しれつ》な織田家の出世レースに、極度な心理的緊張と攻撃的意欲をもって邁進したことであった。

切磋琢磨《せっさたくま》という言葉があるが、ある時期、秀吉にとって利家は、相互にその存在を意識できる競争相手であった。家が隣り同士となったこともあり、両家は家族ぐるみでのつき合いもしている。そして競った秀吉は、気がつけば利家を大きく引きはなして、天下人を狙える地位にまで登りつめた。そうなると、利家に対する嫉妬の感情など雲散霧消したといってよい。

それどころか、秀吉には多大な余裕まで生まれていた。

当初、彼は利家とその同僚で、利家より扱いの難しい佐々成政の二人の上に、先輩で自らの後見もつとめてくれた丹羽長秀をもってきて、二人を互いに牽制させる構想を考えていた。

ところがその長秀が、天正十三年（一五八五）四月十六日にこの世を去ってしまう（享年五十一）。そのため、成政か利家かを引きあげなければならなくなった秀吉は、迷うことなく利家をもちいた。なぜか——。

「この男なら、いつでも潰せる」

秀吉には優越感があった。

利家は心からの従順を示しつつ、秀吉に警戒心を持たれることなく、やがて豊臣大名として最高幹部の「五大老」に列し、秀吉の死後は徳川家康と並び称されるまでになった。利家は自らを、客観的に評価できる人間になっていた。己れの実力がどの程度のものであるのか、彼は十二分に認識していたといえる。

並び称せられても、自分は家康の敵ではない。そのことを承知で利家は、五郎正宗の脇差を帯びて、秀吉亡きあと、独自の行動をとりはじめた家康と差し違える、といいつつ徳川家に乗り込んだ。が、礼儀正しくへりくだって五郎正宗を抜かせなかった家康に、利家は一転、前田家の行く末を頼み、慶長四年（一五九九）閏《うるう》三月三日、伏見の屋敷で帰らぬ人となった。享年六十二。

死を迎える十日前、この戦国をしたたかに生き抜いた武将は、嗣子の利長に遺書を認《したた》めて後事を託すとともに、細々と訓戒を残している。そのなかで利家はいう。

「わしの死後、秀頼公に謀叛する者が現われる。それに備えよ」

と。だが、利家らしいのは、ついに家康を名指しにして、これを討て、とは遺言しなかったことであろう。いうまでもないが、秀頼への謀叛の可能性がある者は、天下に一人しかいなかった。にもかかわらず利家は、その具体名を遺言のなかにも書きとめていない。

彼は前田家の存続のみを考え、わが子利長—利常の兄弟に受け継がれたこの家は、〝加賀百万石〟となり、江戸時代を無事に生き残って、見事、明治の世を迎えている。

外様最大の雄藩である加賀藩前田家が、幕府によって取りつぶされることがなかったのは、歴代藩主がその言動に細心の注意をはらい、幕閣に嫌われないように終始へりくだった、成果といえなくもなかった。

それにしても、嫉妬のわかない優越感を与えてくれる人物を採用した秀吉は、大坂落城をうけて、己れの判断をあの世とやらの草葉の陰で、どのように見届けたであろうか。

嫉妬を抱くこともないような人物では、味方にしても甲斐がなかった、しくじった、という感慨を抱いたかもしれない。

三つの〝動因〟と嫉妬の表裏関係

ところで、心理学ではわれわれの発言や行動は〝動因《どういん》〟に基づいてなされる、と定義されている。〝動因〟とは物事をひき起こす原因、原動力、駆動力といえようか。

では、最大の〝動因〟は何か。快を求め、不快を避けるということであろう。「快感原則」とも呼ばれる、心の動きのことだ。好きなこと、楽しいこと、おもしろいこと、おいしいことを、人々は求め、逆に嫌なこと、苦痛のともなうこと、退屈なこと、まずいものを回避するものである。発言や行動の大原則はこれであった。また、得か損か――この選択は金銭のみにかかわらず、健康の維持や読書内容、映画・テレビ鑑賞にもいえる〝動因〟であった。

さらには、正義か不正か――道徳や法律にあてて、正しいか正義に反するものであるのか、この選択にはその人の職業上の立場も含まれた。医師、弁護士、裁判官、警察官、消防士、自衛官――云々。損得や社会の秩序、法律などとうまく折り合いをつけて、本能的な欲望を抑えることを「現実原則」といった。

おおむねこの三つの動因――ないしは、「快感原則」と「現実原則」の二つ――は、同時に、相互に対立し葛藤《かっとう》することがしばしばであった。根底は、人間関係に対する関心であろう。

加えて、〝動因〟は二律背反《にりつはいはん》（同じ程度に正しいと思われる二つの原理または命題が、たがいに矛盾して両立しないこと）の場合が少なくない。好きな異性と恋を語り合いたいが、そうすれば仕事に支障が出、勉強がおろそかになる。好きな酒を浴びるほど飲みたいが、肝臓のことが気にかかる。職場に行けば嫌な思いをするから行きたくないが、仕事上、避けることができない、など。

実はこの〝動因〟に、嫉妬や煩悩の占める比率はきわめて大きかった。

ストレートに、快と不快の〝動因〟に入れてしまうことも可能である。すなわち嫉妬は、対象者を攻撃し、破壊することによって得られる〝快〟である、と。人は激しい嫉妬を抱くと冷静な判断ができなくなり、周囲の状況がみえなくなって、「現実原則」で動けなくなる。逆に「快感原則」に支配されると心の目が曇って、欲望のおもむくままに行動してしまう。

本書ではこれまで、くり返し〝緑の目をした怪物〟＝嫉妬のもつ負の感情を、困ったものだと述べてきた。避けにくく、離れにくい、たちの悪いものだとも。

しかし、やや誇張をもって述べれば、歴史上の文明の発展はこの嫉妬なくしてはあり得なかった、というのも史実であった。嫉妬のない＝人間関係に対する関心がそもそもなければ、社会生活は成り立たない。社会生活がなければ経済の発展はなく、地域や国は近代化が不可能となる。原始の世界ではおそらく、嫉妬は存在しなかったろう。しかし、人間が清く正しくあるかぎり、個々の生活はバラバラで環境はまずしいままだ。

現代でも人里離れた僻陬《へきすう》（不便な土地）で、孤独に一人で生活することが平気な人であれば、まずもって嫉妬に用心する必要はあるまい。

だが、快適な生活、利便性＝現代文明に接し、それを熟知した人間は、再び太古の昔には戻れまい。明治時代の随筆家・批評家のラフカディオ・ハーン（小泉八雲）は、『心』の中で次のように述べている。

「およそ共感というものは、理解によって限定されるものである。われわれは、われわれの理解できる限度で、他人に共感をもつことができるのである」

この「理解できる限度」での共感は、現代文明にも当てはまる。逆にいえば、限度を超えたものへの不共感＝反感、さらには敵意を抱くことにもつながった。人間の感情は、複雑怪奇としかいいようがない。

ドイツの詩人ゲーテは、『ファウスト』の一部でいっている。

「われわれは見慣《みな》れていることだが、人間というものは、自分にわからないことはこれを軽蔑し、また自分にとって煩《わずら》わしいとなると、善や美に対してもぶつぶつ不平をいうものだ」

嫉妬も、その「わからないこと」に含まれているのであろうが、時代や洋の東西を問わず、嫉妬は文学や思想、哲学、演劇、映画などの主要テーマとなってきた。

嫉妬のプラス作用

嫉妬はわれわれが毎日摂取している、脂肪や蛋白質、炭水化物といった生理上のエネルギーと同じ役割を、個人にも国家・組織にも、歴史においてさえ果たしてきたといえる。

いわば、プラスのエネルギーとしての側面――「他者に負けなくない」「悔しさをはらしたい」といった感情があるからこそ、文明は発達してきたといえなくもなかった。

日本史においても、若き日の豊臣秀吉が前田利家に対して、嫉妬のエネルギーを競争のエネルギーに転換したことは前述したが、一つの目標にむかって、集団が一斉に競い合う気持ちがなければ、世の中に進歩はなかったことになる。企業間における競争もしかり。

織田信長が全国の戦国大名と競って、誰よりも早く〝天下布武〟を成し遂げる必死さを持たなければ、次代の秀吉、徳川家康も活躍できず、日本の乱世はしばらくつづいていたかもしれない。

また信長には、武田信玄や上杉謙信に対する「ああはなれない」という一種のコンプレックスがあった。それを克服すべき次善の策として、対抗措置として、最新兵器の鉄砲に執着し、その性能を向上させて、進化させることができ、それがそのまま乱世の勝因へとつながった。

第二章でみた天智天皇、藤原鎌足もしかり。天智の中大兄皇子の時代、二人が蘇我入鹿の権力に嫉妬し、アジアの先進国・唐に倭が大幅に遅れている、との意識を、彼らが悲痛なまでに強くもたなければ、日本の文明は大陸や半島に大きくひきはなされたままであったにちがいない。十六次（十二次説も）にわたる遣唐使の、生命賭《いのちが》けの派遣も、先進国に追いつきたい、少しでもよりよい生活がしたい、先進の学問を修めたい、といった後進国ならではの疼《うづ》きがあった。

武士が日本史に登場したのも、しかり。開拓農民にすぎなかった彼らが、京の都で栄耀栄華に酔いしれる貴族たちに嫉妬し、憤りをため込み、爆発させたのが、保元・平治とつづいた乱であり、そのプラスのエネルギーが、平清盛を出現させ、「平家にあらずんば人にあらず」の世となって、やがては鎌倉幕府の創業へとつながった。

蒙古襲来＝文永・弘安の役において、二度にわたっての皇帝フビライによる、元軍の侵略を防ぎ、阻止できたのも、その根底には歯の根が合わない恐怖にさらされながら、「なにくそ」と歯をくいしばった、日本の武士の競争心があった。

負けじ魂の根幹にも、嫉妬があったと筆者は理解している。

日本の歴史は巨大な嫉妬心を競争力に転換して、必死に挑み、敗けない、なにくそ、いつかは勝ってやるぞ、とのあがきがあればこそ、文明を進めることができた、との証左であふれている。これは嫉妬心がとりわけ強いわが国の、民族性の特徴＝プラス面といえようか。

全体的にみて日本は、諸外国に比べ、極端な金持ちや貧しい者が少ない、との認識が根強い。わが国の精神的な特異性といえるかもしれない。言い方を換えれば、努力さえすればなんとかなる、との考え方である。

明治になってからの「富国強兵」「殖産興業」「文明開化」のスローガンをかかげての、血の滲《にじ》むような国民の努力、追いつけ追いこせの競争を、懸命に全国民が頑張りつづけたからこそ、日本は植民地の悲劇を味わうことなく、アジアで唯一の独立国の尊厳を守り得て、まがりなりにも欧米先進国に追いつき、その一員になることができた（地政学的なタイを除く）。

嫉妬は人間の感情生活における、偉大な発現（表面に現れること）でもあった。それだけに、プラスとマイナスのバランスを取るのが難しい。

第二次世界大戦をみるとよい。日本が組んで戦ったドイツ、イタリア＝枢軸国はともに、欧米先進国の後発組であり、日本の明治維新が一八六八年、ウィルヘルム一世がドイツ皇帝に即位宣言したのが一八七一年、イタリアが国土統一を完成したのはその一年前であった。

先発組のイギリス・フランス・アメリカなどの連合国への、遅れたことに対する嫉妬が引きおこした実力行使が、第二次世界大戦の根本にあった、といえなくもあるまい。

日本にむける韓国の感情、台湾にむける中国大陸の思い、そこにも〝緑の目をした怪人〟＝嫉妬が根底にある、と筆者は考えている。

どうであろうか、嫉妬の現場からはなれる、別のところでやり直すことが不可能であるならば、いっそ発想の転換をはかってみては。抑制され、無言のうちに禁止を強いられる嫉妬より、むしろ表面に出して社会的に許容され、推奨される競争、進歩、改革にこそ、心をむけるべきではあるまいか。

方向をプラスに転じるだけで、やがて嫉妬の感情は変化し、霧散することも少なくない。

嫉妬されやすい〝へいくわい〟石田三成

では、嫉妬のプラス、マイナスの分岐点というのはあるのだろうか。

嫉妬が芽生え、エスカレートしていく心のメカニズムは、およそ次のような順番をたどる。

一、もともと満たされない思い――社会的地位、愛情、金銭、名声、出世――などがあった。
二、具体的な顔の浮かぶ、声に聞き覚えのある範囲の誰かと、自らを比較する。
三、その相手に嫉妬する。
四、その相手の持っているものを奪い、今いるところから引きずりおろそうと動く。
五、その結果がうまくいってもいかなくとも、さらに嫉妬心は燃えあがる。

おそらく、「三」であろう。負の感情へ赴くか、競争のエネルギーに転換するか。豊臣政権の中で「五奉行」に任ぜられ、事実上の政府の実務を取りしきっていたような石田三成は、自身、嫉妬のエネルギーをプラスに転化した人物であった。

ところが彼は同時に、自分が嫉妬されやすい人間であることを自覚していながら、だからと言って自分の生き方を変えようとはしない、警戒する自分が嫌なタイプでもあった。

三成は、他人の嫉妬に恐れをいだいている己れを、認めたくない人であったようだ。

「惣《そう》じて其許《そこもと》（三成）には、諸人へ対し申されての時宜《じぎ》、（適当な時期、タイミング）作法、共に殊《こと》の外、へいくわいに候」（『落穂集《おちぼしゅう》』）

このように苦言を呈したのは、三成の盟友・大谷吉継《よしつぐ》であった。

「へいくわい」とは、横着の意。豊臣家の官僚として辣腕を振るってきた三成には、彼の家来が主人に抱くほどの崇敬の念、人望が、諸侯の間では薄かった。これは三成が好悪を明確にする人物であり、己れを曲げなかった性癖からも十分にうかがえる。

——嫉妬されやすい人には、共通点が少なくない。

とにかく仕事のできる人、〝切れ者〟が多かった。にもかかわらず傍目には、〝小賢しい〟、なまいきだと評される側面がついてまわっている。

三成にもこれに相当する、格好のエピソードがあった。いまだ豊臣秀吉が天下人になる以前、織田信長の部将として、「羽柴」を姓に頑張っていた頃のことだ。あるとき、若輩の三成の忠勤ぶりを認めた秀吉が、五百石の新知をとらせよう、と三成に告げ、ついでに、

「なにか思うことがあらば申してみよ」

と問いかけた。すると三成は平伏して、主君に感謝の念を述べたあと、五百石の加増を辞退する。ここが、彼らしいのだ。三成はかわりに、

「叶《かな》うことなら、宇治・淀川の両岸に生い茂る荻《おぎ》や葭《よし》を、刈り取る運上（税金）を取り立てることを、私に仰せ付けください」

と言上した。そしてさらに三成は、聞き届けていただければ、

「――一万石の軍役をもって任じ、これまでのご厚恩に報いたいと存じまする」

とまでいった。

萩や葭の運上など前例がなかったが、秀吉は三成の将来を買っている。興味を持って、この奇妙な申し出を許した。しかも、軍役については「追って命じる」と、成果を上げ得なかった場合の、三成への面目、配慮まで示している。

それを知ってか知らずか、三成は在所ごとに郷民を集めると、各々に一村につき幾らと運上銭を取り決め、荻や葭を刈り取らせる度ごとに、運上を受け取った。

しばらくすると、信長のもとから秀吉に、丹後《たんご》（現・京都府北部）・丹波・但馬《たじま》（現・兵庫県北部）の三ヵ国にまたがる豪族・波多野秀治《はたのひではる》を討伐するように、との軍令が下る。

そのときであった。団扇九曜《うちわくよう》に金の吹貫《ふきぬき》をつけた旌旗《せいき》（旗《はた》）を真っ先に、武具・馬具を華やかに鎧《よろ》おうた（武装した）武者が数百騎、全員が各々に金の吹貫を旗印として、馬上の秀吉の

はるか後方から静々と押し出してきた。

「はて、敵か味方か」

いぶかる秀吉のところへ、使番が駆け込んでくる。石田三成の軍勢だというのだ。

三成は秀吉との約束を違《たが》えず、宇治・淀川の荻と葭の刈り取り運上銭で、一万石以上の軍役を果たしたのであった。天正八年（一五八〇）の状況と同十一年頃の事情が入り雑じっているものの、いずれにしても二十代の、〝切れ者〟三成がやりそうなエピソードとして興味深い。

が、周囲の反応はどうであったろうか。素直に感嘆の声をあげ、三成に羨望の眼差しを送った者もあったろうが、先輩・同僚の中には、「なにをカッコつけおって――」と内心、おもしろくない者も多数いたにちがいない。

性格が嫉妬を呼ぶが、本人は何もしないケース

「怨《うら》み豈《あ》に明らかなるに在《あ》らんや。見えざるを是《こ》れ図《はか》れ」（『書経』）
という言葉がある。人の怨みを買うほど、つまらないことはないが、この目に見えない感情は、怨まれた人間の知らないところで、積もりつもっていくので厄介だ。そして不意に、爆発する。だから、爆発する前――目に見えない段階でこれを察知し、慎重に消しとめなければならな

い、との忠告だが、得てして出来る男は、それを知っていながら手を打たず、無防備に（そなえなく）自らを押し出してしまうもののようだ。

三成は、天秤棒《てんびんぼう》を担《にな》って全国を渡り歩いたという「近江《おうみ》商人」（江州《ごうしゅう》商人）と在所を同じくしている。理数系の頭脳をもち、計算は得意なのだが、自分に向けられる他人の感情は理解していながら、何とかしようと工夫した形跡がなかった。

「三成の出自は、寺の小坊主であった」

などと江戸時代の文献にはあるが、これは徳川家におもねる者の嫉妬《ジェラシー》以外のなにものでもない。信頼にたる『霊牌日鑑《れいはいにっかん》』（三成の嫡子で、妙心寺寿聖院《じゅせいいん》の第三世となった済院宗亨《さいいんそうきょう》大禅師＝隼人正《はやとのしょう》重家が伝えた石田家の過去帳）などに拠《よ》れば、石田治部少輔三成は地侍の子で、伊吹山の西麓・坂田郡石田村（現・滋賀県長浜市石田町）に住んでいた。父・正継《まさつぐ》、兄・正澄《まさずみ》の生活には、多少のゆとりがあったようだ。

三成は次男であり、永禄三年（一五六〇）の生まれというから、織田信長が尾張桶狭間に今川義元を討ち取った、日本史上に記念すべき年の生まれということになる。

彼は秀吉の小姓となって、そのまま近習《きんじゅう》をつとめ、抜擢されて使番・奏者の役を任じられる。秀吉は幾人もの子飼いの中でも、はやくから三成に注目していた。どのような役目を与えてもそつなくこなし、しかも、要領よく適当にやるといった仕事ぶりではなく、律義なまでの忠勤ぶりであった。おそらく、三成の性格なのであろう。
『名将言行禄』には、三成の誠実ぶりが畏敬《いけい》の念をもって書き留められていた。

三成は当時、秀吉の第一の近習であったが、日夜のつとめを少しも怠ることはなかった。大風雨の夜などは徹夜で城の内外を見てまわり、破損の有無やその程度を詳細に調べて、夜の明ける卯《う》の刻《こく》（午前六時）には秀吉に報告した。これを本来の責務とする普請《ふしん》奉行の方が、巳《み》の刻（午前十時）頃になって、ようやく報告する有様であった。

（筆者『現代語訳　名将言行録　軍師編』）

しかし、と思う。右の普請奉行は、三成の出すぎたおこないに、反感、敵意を持ったであろう。「よけいなことをしおって」と。

同じことは、先輩の浅野長政、増田長盛などの奉行にもいえた。彼ら三成より十四、五歳も年長の秀吉側近――長政は尾張の出身で、秀吉の正室・北政所《きたのまんどころ》が養女として育った家の出。最も早い時期に秀吉の近侍にあがっている。また、長盛は近江は浅井郡益田郷（現・滋賀県長浜市益田町）から出て、秀吉に召し抱えられた時期は、三成のそれとほとんどかわらない。計数に明るく、それでいて剛直な性格を秀吉に愛された。

この長政も長盛も、後年、三成とともに豊臣政権の主柱「五奉行」のメンバーとなっていくが、若い三成が頭角を現し、先輩を蔑《ないがし》ろにしている態度――三成にその気はないのだが――が癪に障り、〝天下分け目〟の関ヶ原の戦いでは反対派の徳川家康へ、あるいは味方を装いつつ敵方へついて、三成の前途をふさいでしまった。

彼ら先輩からすれば、三成はあまりにも出来すぎていた。秀吉の天下事業において、その要の太閤検地をすすめ、一方で自給自足的の経済体制を貨幣の流通による新経済に組み替える、こうした大事業を担当・総括したのが三成であった。

彼は京都が諸国と結んでいた数多くのルートを、そっくりそのまま京都から大坂につけかえ、再構築し、大坂を全国の物流の拠点・一大ターミナルとして、地方のあらゆる物産を集積し、現金化するシステムの創出を、ほぼ独力でなしとげたといってよい。

三成は誰よりも、秀吉に対する忠誠心をもっているとの自負心があり、政権の実務能力者で最も優れているのは自分だ、との思いが強かった。

筑前・筑後に五十二万石をやる、と秀吉にいわれた時も、三成は奉公に不便なので佐和山《さわやま》（現・滋賀県彦根市佐和山町）に十九万四千石で十分です、とあたら出世の機会を棒にふっていた。

三成は自らの持つ権勢を理解していたが、それを煙たがる人々、自らに嫉妬心を向ける人々の〝緑色の目〟を承知していながら、それに対応する処置を一切講じなかった。

嫉妬されなかった大谷吉継

できる男によくあるタイプで、嫉妬されてもやっかまれても、狙われてもしかたがない、むしろ男子の本懐だ、と彼は考える人間であった。

併せて、主君は自分のことを理解してくれている、との絶大な自信が三成にはあったろう。当然の如く彼は、秀吉亡きあと〝我〟を出し始めた徳川家康（二百五十万石）を許さず、起死回生の実力行使、挙兵に踏み切った。この年、三成は四十一歳。家康は五十九歳。

家康が秀吉の遺令に違背《いはい》（違反）した事項を、十三ヵ条に列挙。家康と同じ「五大老」の毛利輝元、宇喜多秀家《ひでいえ》といった大大名を表面にたて、家康の非を天下に明らかにする。

そのうえで、大谷吉継の忠告に従い、輝元を総大将に担ぎ、家康との戦いを豊臣家を守る正義の戦《いくさ》と位置づけた。その企画・立案力、決断と実行力は賞賛に値したといえる。

が、あまりに杓子定規《しゃくしじょうぎ》な三成の言動は、現実的な臨機応変の動き――根回して利を喰らわせ、味方に誘う――を欠き、味方の中からすら離反者、裏切り者を出して、関ヶ原の戦いはまさかの敗北となった。両者の石高に差がありすぎたのも、一因といわれている。三成はやがて捕らえられ、刑死となってしまう。

確かに彼には、すでにみた太田道灌にも匹敵する頭脳の冴えと手腕があった。だが、世の中は三成からすれば取るに足らないような、無能、二流や三流の人々が、よってたかって〝出来る男〟を破滅させる一面もあるのだ。わかっていながら、意を向けなかった三成の心中には、嫉妬はどうやってもかわせない、との思いがあったのかもしれない。

無理なことに心わずらわされるぐらいなら、嫉妬を無視して、自分らしく……。

十二分に、考えられることであった。しかしながら、世の中には三成と同じ資質を持ちながら、周囲に嫉妬を抱かれなかった人物もいた。

関ヶ原の戦いのおりに越前敦賀城主（十二万石説あり）となっていた、大谷吉継である。彼の経歴は三成と並び、豊臣政権下の役割でも、決して遜色はなかった。

にもかかわらず吉継は、敵味方の双方から、三成のような嫌われ方はしていない。一つには、当時、皮膚に異変が生じ、顔面が崩れるという奇病に吉継がかかっていたことが原因としてあげられる。他人《ひと》は同情のわく相手に、嫉妬はしないもの。

吉継は永禄二年（一五五九）の生まれで、豊後（現・大分県の大半）の大友宗麟の家臣・大谷盛治《もりはる》の子ともいわれているが、出自や前歴には謎が多く、秀吉の小姓となってからも、彼はどういうわけかわが身を同輩より、一歩ひくような、控え目な出仕の仕方をしていた。

賤ヶ岳の戦いでは、〝七本槍〟に並ぶ戦功をあげながら、あえて自らの武功を誇らず、従五位下刑部少輔《ぎょうぶのしょう》に叙任し、諸大夫の仲間入りを果たしたおりも、同時に進んだ三成を立てるように、自身はその陰にまわった。九州平定作戦では、兵站奉行を三成とともにそつなくこなしながら、決して自らを売り込むような言辞を弄《ろう》したりはしていない。小田原の役、奥州平定にも従軍したが、その活躍はつとめて地味を装い、人々があまりやりたがらない戦後の検地を、出羽国内(現・秋田県と山形県)では進んで担当している。

朝鮮出兵や豊臣政権の基礎固めなど、三成と一緒に働きながら、彼は「五奉行」にも選ばれず、第一章でふれた如く、嫉妬されない極意＝まるで自らの足跡を消しながら働くように、決して自らは表に立たなかった。そのため戦国日本史では、関ヶ原の戦いに、ふいに姿を現わした印象が強い。

いよいよ家康と戦おうとする三成に、お前は「へいくわい」(横柄《おうへい》)なところがあり、きらわれているから、とはっきりとものをいい、戦うためには「五大老」の毛利輝元や宇喜多秀家を上に立てよ、との策を謀って吉継は登場する。彼は奇術師が、ポケットから無造作にハトを出すように、権謀術数を次々とめぐらせた。

あえて目立たぬようにふるまったのは、病気のせいばかりではなかったように思われる。関ヶ原の戦いで西軍に参加し、戦死を遂げた吉継は享年が四十二であった。

若くしてこの世を去った者、志なかばで他界した者に対しては、他人《ひと》はそもそも嫉妬を発しない。むしろ、惻隠《そくいん》の情がわいて、もちあげられる傾向すらあった。

吉継のような、身を一歩さげる＝名誉欲を捨てるという方法は、確かにありであろう。人気取りをしない、上位への栄達や野心をまったく示さない――云々。

本多正信―正純父子の活躍

大谷吉継とよく似た生涯をおくった人物に、徳川家康の謀臣・本多正信がいた。

彼の立場はむしろ、大谷吉継より石田三成に近かった印象があるかもしれない。が、正信の場合、吉継や三成と大きく異なったのは、その主君家康の生命《いのち》を、自らが狙った過去を持っていたことであろう。

天文七年（一五三八）に三河で生まれた正信は、家が貧しく、若い頃は鷹匠をしていたという。その境遇が彼を、一向一揆に走らせた。永禄六年（一五六三）に三河で発生した、家康の家臣団を二分する一向一揆において、正信は一揆方の参謀をつとめて約六ヵ月間、大いに抗戦している。この間、家康をつけねらったが、一揆は和議にいたる。

正信はその後、諸国を流れ歩き、家康の盟友・織田信長が〝天下布武〟に王手をかけた時期になって、ようやく徳川家へ帰参した。

〝帰り新参〟の正信には、合戦における武功はかいもく伝えられていない。彼の存在が家中で大きく知られるようになるのは、〝本能寺の変〟のおり、いち早く情勢を把握し、堺にあった主君家康を三河へ脱出させた功績に拠った。正信にはほかの家臣にはない諸国遍歴の体験があり、その苦労の中で磨きあげた情勢分析力、判断力が幸いしたようだ。

秀吉の死後、石田三成をはじめとする豊臣政権の文治派官僚に、加藤清正、福島正則といった秀吉子飼いの武断派大名が抗争を仕掛けた時も、

「いま、三成を殺してはいけませぬ」

と家康へ進言。三成を助けてあえて挙兵させ、反徳川陣営の大名をあぶり出し、これら勢力を正面から関ヶ原で粉砕して、家康の天下取りを早めた功業も、正信によるものであった。

彼には碁や将棋の名人が、何十手も先を読むのと同様に、先の先までを見通せる眼力があったようだ。否、悪魔も顔負けするような悪知恵というべきか。

関ヶ原の戦いに勝利した家康は、三年後の慶長八年（一六〇三）に征夷大将軍の宣下をうけ、江戸に幕府を開いた。残るは、名目上の主人・豊臣秀頼の始末。家康と正信の主従は、短兵急をいましめて二年後、家康の子・秀忠を二代将軍に据え、徳川（江戸）幕府が世襲であることを天下に明らかとした。隠居して「大御所」と称した家康は、天下の政《まつりごと》を駿府から司《つかさど》り、正信

は己《おの》が嗣子正純《まさずみ》を家康の側近にすえた。

この正純は、永禄八年（一五六五）の生まれ。父に似て権謀術数に長けていたといわれ、江戸の将軍秀忠のもとへ派遣された父・正信との連絡係にあたった。

秀忠は江戸を掌握、ついで東日本、やがては全国とその守備範囲を確実に広げ、家康の専任事項は対豊臣問題のみとなる。

思えばこの頃、本多正信―正純父子の権勢は、天下に並ぶもののない、巨大なものとなっていたであろう。当然のごとく周囲は、この父子に多大な嫉妬、不平・不満を募らせていた。とくに戦場働きの三河武士は、心中、不倶戴天の敵とみなしていたであろう。かつての豊臣政権における、文治派と武断派の確執と根は同じものであった。

だが、豊臣問題があるかぎり、本多父子を失脚させるような勢力は、この世に現われようはなかった。なにより、家康が許すまい。

慶長十六年（一六一一）、二条城で秀頼（十九歳）と会見した家康（七十歳）は、わが身の頼りないことを大いに自覚し、あせったことであろう（この時、正信は七十四歳、正純は四十七歳）。

正信は、秀吉子飼いで小心者の片桐且元《かたぎりかつもと》を、徳川家公認の家老として大坂城へとどめ、巧みに且元を操《あやつ》っては豊臣家の内部崩壊を進めた。大坂城に蓄積されていた、無尽蔵ともいえる軍資金を減らすため、神社仏閣への寄進、改修のために金銀を湯水のごとく使わせたり、若い秀頼が女色に溺れるようにしむけたり、ありとあらゆる手段《てだて》を講じている。

家康─正信主従は、なんとか豊臣家を無力化し、秀頼とその生母の淀殿を大坂城からほかへ移して、平和裡に天下の推移を明らかにしたかったのだが、大坂方はこれに応じなかった。

そしてついには、京都東山の方広寺の復興──その大仏殿に付随する鐘楼の銘が、徳川幕府と家康にとって不吉である、との言《い》い掛《が》かりをつけて大坂冬の陣へもちこむ。

もとより、難攻不落の大坂城を容易に攻城できないことを前提に、主従は当初から、一日も早く和議に持ち込めるように工夫し、一度《ひとたび》和議となるや、大坂城の外堀＝「惣構《そうがまえ》」を埋めることを誓紙に明記せず、なんとなしの口約束として大坂方に承諾させ、のみならず三の丸、二の丸（内堀）までをいっきに埋めつくしてしまった。

本多父子の〝差〟

このとき、この工事奉行をつとめたのが正純である。

一方、豊臣家から抗議をうけた正信は、家康の風邪を理由に時間をかせぎ、あげく自らも風邪だと開きなおり、ついで大坂城におもむいて埋めつくされた内堀をみては、

「老臣（正信）折悪敷《おりあしく》、病《やみ》て此事《このこと》を詳《つまびらか》に承り届けず。愚子（正純）壮年なるに依《より》て、何の思慮もなく、斯《かか》る粗忽《そこつ》を仕りたり」（『名将言行録』）

などと、驚いてみせるありさま。

愚弄された豊臣方が再度の挙兵をすることも、家康―正信主従には計算のうちであった。

夏の陣で豊臣家は滅び、名実ともに徳川の世となる。正信はひきつづき、幕政に参与した。

「百姓は財のあまらぬように、不足なきように治めること道なり」（『本佐録《ほんさろく》』）

と自らは述べながら、彼は時代の転換期での己れの役割を想った。併せて、自分たち父子に向けられている嫉妬の塊《かたまり》も。

正信には、泰平の世に移行するにあたって、戦場で活躍してきた徳川家の武断派を粛清しなければならない役目もあった。そのためには何よりも、自らが清廉潔白でなければならないことを、この謀臣は十二分に理解していた。

いかに家康から加増をもちかけられても、正信は相州玉縄《たまなわ》城（現・神奈川県大船）二万二千石の領土以上は、決して受けなかった。敵と味方を選別し、外からの妬《ねた》み嫉《そね》みの攻撃を、内の守り＝文治派の楯でふせぐ工夫もしている。

また彼は、駿府の大御所家康に会うべく、各地から人々がやって来ても、決して席を同じくせず、〝四天王〟らにその応接をまかせて、その憎まれている面《つら》を表には出さなかった。

無論、席上での会話の内容は、細大もらさず報告させている。

家康の天下取りを助け、あえて汚れ役を演じきった正信は、幕府内の粛正を次には計画していたものの、元和二年（一六一六）四月十七日に家康がこの世を去ると、もはやこれまで、との思いがあったものか、自らも同じ年の六月七日にこの世を去ってしまう。家康七十五、正信は七十九歳であった。

その後、正信の遺志は正純によって受け継がれたが、この後継者には父ほどの覚悟、周囲への警戒心、配慮がなかった。苦労の経験が、父ほどになかったからかもしれない。彼には己れの権勢が、家康と父の死によって失《う》せたとの自覚がなく、欠陥をみつけては処断しようと手ぐすねひいて待っている、幕閣の多数派の心中、思惑をも読むことができなかった。

ついうっかり、宇都宮十五万五千石を拝領してしまう。このことが、それまで本多父子に嫉妬し、快く思ってこなかった幕閣たちの、怒りを一気に燃えあがらせてしまった。正純は六年後＝元和八年（一六二二）、将軍秀忠暗殺の汚名を着せられ、出羽国横手（現・秋田県横手市）に流罪となる。一説に、老中・土井利勝《としかつ》らの謀略であったともいわれているが、正純が失意の中でこの世を去ったのは寛永十四年（一六三七）――享年は七十三であった。

父と子の〝差〟は、歴然であったように思われる。一歩自らをさげ得たか否か、であった。

第五章

歴史は嫉妬の攻防戦

〝愛嬌〟と欠点を使う

前章のように、嫉妬をさける気がない、そんなことはできないという人は、豊臣秀吉のように〝愛嬌〟をもつことが、対処法としては有効になるように思われる。

秀吉は身分の上下に隔たりを持たず、誰に対してもザックバランに接した。猿に顔が似ているといわれれば、より猿に面《おもて》を似せて人々を笑わせている。今ならば、下ネタまじりの自虐《じぎゃく》＝〝愛嬌〟といえるのではあるまいか。その一環の女好き、よく似た家康の健康オタクなどは、はためで羨望や嫉妬を超えて、ほほえましく映ったようだ。

家康は自らが抱える医師団以上に薬草に詳しく、戦国一といわれた医師・曲直瀬道三《まなせどうさん》の医学講義を熱心に聴講している。狩りを今日のスポーツゴルフのように考え、朝の弓道、木刀の素振り、木馬での馬術を毎日欠かすこともなかった。それゆえであろう、家康は六十九歳のおりに駿河の瀬名川で水練の成果を披露してもいる。

人々は年寄りの冷水《ひやみず》と顔をしかめながらも、その〝愛嬌〟を好ましく受け取っていた。

〝愛嬌〟を汎称《はんしょう》（広く唱える）することは、日本史全般を俯瞰《ふかん》する（見おろす）うえでも、嫉妬対策に、きわめて有効なもののように思われる。

大谷吉継や本多正信は、自らのおこないを一歩ひいたが、逆に一歩前へ――ただし、自分の欠点をわざと、表にさらすのも有効な嫉妬防止策になる場合がある。

すでに前章でみた黒田官兵衛は、織田信長を裏切って毛利氏、大坂本願寺に通じた荒木村重の気持ちを翻意すべく、有岡城へ説得におもむいたのだが……。

事前に官兵衛の主人・小寺政職《こでらまさもと》からは、来城したならば殺してくれ、との書状が村重のもとに届けられていた。官兵衛は飛んで火に入る夏の虫よろしく、ノコノコ城内に乗り込み、あまつさえ捕えられて醜悪至極な牢獄に入れられてしまう。

腰にしていた刀剣をとりあげられ、自刃することもできず、彼はこの劣悪な環境の中に一年弱の間、おしこめられることとなる。しかもこの間、行方不明になったことから信長にその出処を疑われ、一人息子の松寿（のちの長政）をあやうく殺されそうになり、自らは皮膚病を発し、髪の毛がぬけ落ち、曲がったままの膝は再びもとにもどらぬ有様となった。

ようやく開城によって救出された時には、官兵衛は骨と皮だけのばけものじみた姿になっていた。周囲の人々はここぞとばかりに、この無残な男を鞭打《むち》つように、その間抜け（することにぬかりがある、とんま）ぶりに冷笑を浴びせかける。

それまでの、有岡城へ向かうまでの官兵衛は、若造のくせに横柄であり、自らの智謀を誇り、自信過剰で目上の人々への態度もぞんざいな、実に鼻持ちのならない人物と記憶されていた。先にみた、石田三成を彷彿《ほうふつ》させる。

それだけに官兵衛は、おぼれた犬は叩け式に、これみよがしのバッシングを受けたのだが、このざまが一段落すると、周囲の反応が一変した。なぜか、冷酷で計算高いだけの嫌な男かと思っていたら、そうでもない。愚直で、簡単にワナにはめられ、生き恥をさらしている。

しかし——官兵衛は己れの生命《いのち》を懸けて、信義を守り抜いたじゃないか。寝返りを打つこともせず、生命乞《ご》いもしていない。馬鹿正直だが、たいしたやつだ、偉いやつだ。立派な人だ、とかえってその評判はあがったのである。

加えて、これまで策士とみられてきた不気味さも、一転した。人を騙すやつが、あれほど無様に牢獄につながれることもあるまい、と周囲の人々は思うようになる。信じてもいいのではないか。秀吉の軍師として、官兵衛の謀才が真にその威力を発揮するのは、出獄後のことであった。

高かった評価が一度下落すると、それにともなう嫉妬は消える。

片足の不自由になった彼が、足をひきずるように杖《つえ》をつきながら現われると、人々はみな、その人柄に満足し、その言動にしたがうようになった。

まさに、自らの欠点を表にさらしたがゆえの、成功といえなくもない。

〝清貧の人〟土光敏夫

欠点ではないが、ありのままの自分を表にさらす――それがとりわけ〝清貧〟という、日本人好みのものであった場合、嫉妬は起きず、その人のイメージは高められ、むしろ好感、尊敬の念をもって迎えられた。

たとえば、幕末以来の名門・東京石川島造船所を再建し、屈指の大型合併により、石川島播磨重工業（現・ＩＨＩ）を誕生させ、造船重工業界において資本金では第四位、売上高で第三位、部門事業別でみると「船舶」は三菱造船所に次ぐ二位、「航空エンジン」ではジェット・エンジンの日本唯一の専門メーカーとして、その地位を確立。また「産業機械」はクレーンを中心にビッグスリーの一角を占め、「原動機・化工機」ではボイラーのトップ・メーカーともなし遂げた人物――。

大変な成功であった。が、この経営者の驚くべき手腕は、さらにまったく分野の異なる、しかも規模において石川島播磨重工より巨大な、東芝の再建を託され、たった一人で乗り込み、ついにはこの再建を成し遂げたところに如実であった。

しかも、この経営者は〝行動する経団連〟という旗を掲《かか》げて、経済団体連合会（経団連）の第四代会長に推され、石油ショックと超インフレの、大不景気が日本を覆《おお》う中、全国行脚を断行。石油ショックで意気消沈する経営者たちを、元気づけてまわっている。

また、鈴木善幸《ぜんこう》内閣当時の、第二次臨時行政調査会の会長に、〝三顧の礼〟をもって迎えられ、行政改革の道すじまでつけた。この経営者の名を、土光敏夫《どこうとしお》という。

本来なら、痛みのともなう再建や行革では、彼にむけられる嫉妬は凄まじいものとなり、土光は満身創痍となってしかるべきであったが、彼はそうはならず、今もなお国民の多くから敬慕されている。

彼は明治二十九年（一八九六）九月十五日、かつての岡山県御津郡大野村大字《おおあざ》北長瀬宇辻《あざつじ》（現・岡山市北区）の農家に、三男三女（長男は夭折）の二男として生まれていた。

土光は県立の岡山中学（のちの岡山一中、現・県立岡山朝日高校）への進学を希望しながら、一度落ち、やむなく尋常高等科へ進んでのちも、一年、二年と合計三度、挑戦したものの、ついに初心を貫くことはできず、あきらめて関西《かんぜい》中学（現・関西高等学校）へ入学。その後、一度は受験に失敗したものの、工業系では最難関ともいわれた東京高等工業学校（のちの東京工業大学）機械科へ進学した。

大正九年（一九二〇）三月、土光は東京高工を卒業するが、この年は第一次世界大戦の好況の反動をうけ、日本中は大不況期であり、失業者は巷《ちまた》にあふれていた。

「ふとみると、東京石川島造船所が残っていた」

と、本人が語っている。入社した土光は、タービンの設計に配属されている。いわば、どこにでもいるような一技術者でしかなかった。それがなぜ、現代史に残る活躍ができたのであろうか。彼は「思想《おもい》は高く、暮しは低く」、「個人は質素に、社会は豊かに」をスローガンにかかげ、長期間、その手にした〝力〟を存分にふるった。にもかかわらず、どういうわけか何処からも、嫉妬の炎はあがらなかった。

土光はなにごとにも率先垂範を示したからだが、その成功のヒントは、昭和六十三年（一九八八）八月四日に『NHK特集』で放送された、「八十五歳の執念」という彼に関する番組をみれば、一目瞭然《いちもくりょうぜん》であった、と筆者は考えてきた。

この番組の中で土光は、イワシ（巷間では、〝メザシの土光さん〟と呼ばれているが）と味噌汁という質素な食事をとっていた。彼は〝清貧〟を意図的に演出したのではなく、その生涯にわかってつらぬかれた、物欲とは無縁の生き方そのものであった。

宴会には出席せず、毎晩十一時に寝て翌朝四時に起きるという生活を、生涯にわたって六十年以上つづけた人である。土光はいくつかの名言を残している。

『私の履歴書』に拠れば、

「人はその長所をみて使え。短所をみるを要せず」「組織活動にとって、〝自分は聞いていない〟

〝だれかがやってくれるだろう〟ということばほど危険なものはない」「仕事の報酬は仕事でもある、そんな働き甲斐のある仕事をみんながもてるようにせよ」「幹部はえらい人ではなく、つらい人だと知れ」

なるほど、こういう正気《せいき》の人には、そもそも嫉妬は生まれまい。しかし人間、なかなか土光敏夫にはなれない。

利用された福島正則の嫉妬

——苦《にが》くもなく、甘くもない微笑とともに、少し話を戻そう。

嫉妬のプラスマイナスについて——活躍している同輩や後輩をみて、いささかの焦りを感じながら、「負けてたまるものか」と、嫉妬を自らの起爆剤とすることは、大いに推奨されてしかるべきである、とくり返し述べてきた。チャレンジする力に転化できれば、嫉妬は有益となる。

だが、度を越して激しすぎる嫉妬——競争も——は、その業火で相手を滅ぼし、ついにはわが身をも返り血を浴びるように、破滅の途《みち》に導いた。とくに他人（第三者）に嫉妬を利用された場合、悲惨な終幕を迎えることが少なくなかった。

たとえば、関ヶ原で石田三成とはり合った、尾張清洲城主で二十四万石を拝領していた福島正則——彼もその一人であった。正則は三成への嫉妬に目が眩《くら》み、三成のみならず、結果として主家の豊臣家を滅ぼし、自らをも滅亡の淵に追い込んでしまう。

慶長五年（一六〇〇）七月二十二日、正則は徳川家康の上杉景勝討伐（関ヶ原の前哨戦）に参加すべく、下野の小山《おやま》（現・栃木年小山市）に着陣した。ところが翌日、家康からは討伐中止の命令が届く。上杉征伐で家康が畿内を留守にしたところ、居城・佐和山城に蟄居《ちっきょ》していたはずの石田三成が、仲間を糾合し、家康討伐のため挙兵というのだ。

二十五日、緊急の軍議が開かれたが、上杉征伐に動員された諸侯は、突然の出来事に困惑するのみで、家康につくべきか、それとも三成の許《もと》へ走るべきか、動揺は広がっていた。

なにしろ家康について、三成と戦うことになれば、大坂城にある主君・豊臣秀頼に弓を引くことになりかねない。諸侯の心情は、この一点について悲痛であった。妻子も人質として、大坂に暮らしていた。軍議の席は、深く重い沈黙に支配される。もし、この空気がつづけば、上杉征伐はここで中止→征伐軍は解散→各々の去就を各々で決断するという、分散が広がる方向へ軍議は流れたであろう。そうなれば、さしもの家康も窮地に陥ったかもしれない。

ところがこの沈黙を破って、唐突に立ち上がった男がいた——正則である。

「この度の上方における挙兵は、三成らの策謀によるものであり、秀頼公にはなんの関係もありはせぬ。それがし、内府《ないふ》（家康）どのに進んで荷担つかまつる」

諸将の間に、どよめきが起こった。安堵の声といってもよい。なぜか、正則の戦歴が豊臣家中で最も古く、石高もそれなりに高い。何よりも彼は、亡き主君秀吉とは母方の従兄弟関係にあたった。この代表的な秀吉子飼《こがい》＝豊臣恩顧の武将が、家康につく、と口火を切ったのである。

幼少の頃から秀吉の許で育てられ、秀吉が柴田勝家を降した賤ヶ岳の戦いでは、〝七本槍〟の筆頭にあげられて一躍、五千石の加増を得た前歴が正則にはあり、なお、同輩の加藤清正（秀吉の又従兄弟）共々、二人は豊臣政権を担う武断派の首領株でもあった。

この両名が、三成ら文治派と妥協する道を探っていれば、豊臣政権の寿命は大きく伸びたはずである。二人は、戦《いくさ》には大いに役に立った。戦場に臨めば正則も清正も、他人には決してひけをとらない。どのような厳しい戦局にあっても、父にも等しい秀吉の賛辞を得たい一心から、二人は無邪気なまでに懸命に働いた。だが、秀吉が天下を取り、豊臣政権が安定してくると、戦《いくさ》そのものがなくなり、戦場中心主義の武断派の存在は、目立って影が薄くなる。

清正は辺境の肥後熊本に、一方の正則も賤ヶ岳の後、近江栗太《くりた》郡、河内（現・大阪府南東部）八上《やかみ》郡内に封じられ、小牧・長久手の戦い後は、伊予国五郡十一万三千二百石、九州征伐では清正同様に肥後に追いやられかけて、文禄四年（一五九五）にようやく、尾張清洲城に二十四万石の抜擢をうけた。

秀吉の狙いは、万一、家康が箱根の険を越え、東海道筋の恩顧の大名を倒して上方へ出ようとしたとき、正則の清洲城をもってその楯とする心算であった。だからこそ彼に、羽柴姓を許し、侍従ともしたのである。しかしながら当の正則は、そうした秀吉の〝公〟の配慮より、秀吉側近の三成が己れを疎略に扱うばかりか、秀吉に讒言《ざんげん》したと〝私〟の部分で恨みを抱きつづけてきた。その感情の根源をたどれば、やはり嫉妬ということになろう。

正則は清正とともに、三成を殺害しようと図って果たせなかった私怨を、まんまと家康の掌《てのひら》にのせられ、利用されてしまった。

三成は葬ったが……

家康は会津征伐軍を解散せず、諸侯をそのまま傘下の東軍として、西上させるために正則をして、率先して己れの作戦を支持してくれるべく事前工作をおこなった。

軍議では開口一番、諸将の去就を問わねばならない。敵につく者がいれば、直ちに国許へ帰り戦支度をするがよい、邪魔だては致《いた》さぬ、と家康は見栄を切りたい。

そうすれば、諸将はここで進退に窮するであろう。

勝負はこのとき、最初に口を開いた者の言で決まる。

「わしは内府どのに、同意はできぬ」

仮にも福島正則が立ちあがってそういえば、諸将はたちまち不戦論に傾き、この瞬間に東軍は不成立となったはずだ。なにぶんにも会津征伐軍は、豊臣政権の借りものの集団である。家康はひどく余裕のない表情で、稀世の謀略家・黒田長政、細川忠興、藤堂高虎らの智恵にすがった。実際に正則を説いたのは、黒田長政である。

豊臣政権創設期の功臣・黒田官兵衛の嗣子である長政は、武辺好みから正則とは親しく、長政のものごとの本質を見ぬく眼力は、〝策士〟という言葉がよく似合った。

「治部少《じぶしょう》の挙兵は、豊家《ほうけ》の名を借りた己れの天下取りぞ。たばかられてはなるまいぞ」

長政は、正則が三成に向ける異常なまでの憎悪を刺激し、対戦への決意を迫った。

「——されば、おぬしが明日の評定で、諸侯に先駆けて内府どのにお味方申し上げる、と大声で切り出せば大勢は決しよう」

正則にどの程度の、時代認識と理解があったかは疑わしいが、この物狂いの直情の人にも、たった一つ、西軍＝三成が勝利すれば——否、このままでは——いずれ自分は抹殺されるであろう、との判断、危機意識はあったようだ。

長政はこの正則説得の成功によって、後日、いちはやく筑前一国五十万二千四百余石を、家康から与えられている（通常いわれる五十二万石は、三代藩主・黒田光之の代から）。

三成に向ける、正則の嫉妬には前兆があった。二年前の慶長三年、秀吉が死ぬと、前田利家とともに豊臣政権を代表することになった家康は、己れの勢力拡大のため政権を無視して、有力大名に対しての婚姻政策を押し進めた。

対象者の一人であった正則はこれに応じ、自ら進んで家康に働きかけ、家康の養女・満天姫《まてひめ》（家康の異父弟・松平康元《やすもと》の娘）を、己れの養嗣子の正之《まさゆき》に娶《めと》っている。これに怒った豊臣政権の五奉行、四大老は、家康および正則らに抗議文をつきつけた。

このとき正則は、家康公との縁組みは秀頼公の将来を考えてのことだ、と弁明している（『関ヶ原合戦記』）。これはおそらく、正則の正直な告白であったかと思われる。

文治派に対する武断派の危機意識は、深刻なものがあった。なぜか。彼らには、次代のビジョンというものがなかったからだ。ただ、戦場を駆けて生き抜いてきた彼らには、家康を頼ることで道が開けるにちがいない、といった〝勘〟だけはあった。むしろ、己れの抗争に勝ち残るために、家康を引き込んだとも考えられはしまいか。

正則は三成ら近江閥を討滅し、家康を担ぐことで自分たちも参加し得る豊臣政権の運営を夢見ていたのではないだろうか。関ヶ原の合戦において彼は、東軍の先鋒として働き、多大な犠牲を払いながらも、群を抜いた活躍を示した。

戦後、論功行賞の結果、正則は清洲二十四万石から、いきなり安芸《あき》広島四十九万八千石に栄転。彼の〝読み〟は当ったかのようであったが、歴史的にみた場合、はずれたといわざるを得ない。豊臣家のみならず、己れの家も江戸期には存続し得なかったのだから。

慶長十九年（一六一四）から翌年にかけての、大坂の役で家康は、正則を江戸に足止めし、豊臣家を滅ぼした。家康がこの世を去ったのは、その翌年のこと。

元和五年（一六一九）、今度は福島家が改易となった。正則は信濃高井郡高井野村（現・長野県上高井郡高山村）に蟄居させられ、その五年後の寛永《かんえい》元年（一六二四）に六十四歳で死去している。加藤家は清正の子（三男）の忠広《ただひろ》が継いだが、こちらも寛永九年、幕府によって取り潰された。

己れの嫉妬を利用された正則は、〝読み〟を誤った。だが、同時進行で動く〝歴史〟を考えれば、あながちこの人物の行為を責めることもできまい。

似ているがゆえの嫉妬・加藤清正

すでに読者諸氏には、お気づきのことと思う。嫉妬にもいろいろな種類があった。

福島正則の石田三成へ向けた嫉妬――実戦で活躍してきた自分を、参加していない文弱者が、何を偉そうに――といった類《たぐい》もあれば、もう少し高度で心中複雑な嫉妬も存在した。

たとえば〝清正公《せいしょうこう》〟――今日なお、熊本では敬慕されている猛将・加藤清正は、永禄二年（一五五九）の生まれであるから、三成より一歳、正則より二歳の年長となる（永禄五年生まれの説もなくはないが）。清正は歴史上、正則と同類＝武断派に分類されがちだが、筆者はむしろ三成を最も理解していた同僚こそが、清正ではなかったかと考えてきた。

豊臣秀吉の亡くなった慶長三年（一五九八）、四十歳となっていた清正は、幼名を虎之助といい、その母が秀吉の母と従姉妹関係であったため、秀吉の許《もと》に仕えた、と『清正記《きよまさき》』に記述されている。清正は秀吉の膝下で成人し、その妻・北政所に叱られ励まされ、その台所飯を食べさせてもらいながら、一廉《ひとかど》の武将となった。

若いころ、秀吉の家臣で遠縁でもあった兵法者・塚原小伝次《こでんじ》について刀槍を学び、自身も実戦のなかで十分に鍛練したのであろう、体軀はいつしか六尺五、六寸（一メートル九十センチ余）にもなったとか。相貌《そうぼう》想うべき偉丈夫、といってよい。

秀吉の近習として、やがて伝令、使者、親衛隊として戦場を駆けまわり、秀吉の栄達とともに清正も昇進した〝賤ヶ岳七本槍〟の功名によって、三千石取りとなった。が、このとき、ひとり同僚の福島正則だけが五千石であった。清正はそれが気に入らず、正則に嫉妬して一度は三千石の朱印状の、受け取りを拒否したほどであった。

「阿呆め、しばらく我慢して受け取っておれ、さすれば市松（正則）と一緒にしてやる」

と、秀吉にたしなめられ、清正はようやく承服した経渉《きょうしょう》（経過）があった。

同僚とはいえ正則は、秀吉と従兄弟関係であり、清正は又従兄弟であるから、血縁上からは親疎が明らかであったのだが、これまで家族の一員として同じように暮らしてきた清正には、正則に差をつけられたのが、耐えられなかったのであろう。

その後、清正は物頭《ものがしら》に引き上げられ、鉄砲五百挺、与力二十人の一部隊を預かることとなった。官位は主計頭《かずえのかみ》である。秀吉が徳川家康・織田信雄連合軍と戦った、小牧・長久手の戦いにも参戦。つづく九州征伐も含め、この二大戦役において清正は、目立った武功をあげていない。

そのため周囲の諸侯たちは、清正の栄達を、秀吉の縁者であるがゆえのもの、と嫉妬深く冷ややかに見たようだ。とくに、肥後国北半分＝半国十九万五千石を領し、隈本《くまもと》（のちの熊本）を居城としたときは、縁故ゆえだ、ともっぱらに腹立たしく噂された。清正はこの時、三成と同じで〝我れ関せず〟で無視を決め込んでいる。

読者諸氏には意外に思われるかもしれないが、清正という人は本来、三成同様の理数系の頭脳を持っていた。敵対関係にある文治派に加わっても、おかしくない企画・立案の才にも清正は恵まれている。そのことは、天下の堅城・熊本城を七年で築城したことや、不可能とまでいわれた球磨川《くまがわ》の治水工事を完成させた、その采配ぶりをみれば明らかであった。

ただ、スタート時点で清正は、秀吉の小姓としては三成の先輩であり、そのおりに秀吉から求められたのは戦場での武功であった。清正は戦場働きが苦手な秀吉にかわって、自らが御首級《みしるし》を稼がねばならなかったのだ。その経渉がやがて、三成への底深い嫉妬を生み出すことにつながった。近いほど、理解の度合いが深いほどに、嫉妬は鋭く研ぎ澄まされていく。

その後、清正は肥後の南半分を領有する小西行長とともに、朝鮮出兵の先陣を命ぜられる。朝鮮半島の東海《トンヘ》（日本海）に面した咸鏡道《ハムギョンド》を進んだ清正は、朝鮮国の王子二人を虜《とりこ》とする功名も挙げている。もっとも、外征の五年目＝文禄五年（一五九六）六月、清正は目付として渡海してきた三成と衝突した。日本へ一時帰還を命ぜられた清正は、あわや切腹という謹慎の最中、伏見の大地震が起き、周囲の止めるのをふりきって、一早く秀吉のもとへ駆けつけたことで、赦免となった。

外交講和の失敗を受けて、再び半島の戦線へ戻るが、二度目の外征は明の大軍に押され、水陸ともに日本軍は苦戦を強いられる。

いつでも代わってやるぞ、との思い

なかでも、蔚山《ウルサン》の籠城戦は、清正の鬼神も避けるのではないか、と思われるほどの決死の陣頭指揮なくして、おそらく日本軍将兵の帰国はおぼつかなかったに相違ない。

彼は生還した。しかし、それ以前の慶長三年（一五九八）八月十八日、秀吉はこの世を去っていた。帰国した清正は、秀吉の廟所《びょうしょ》に詣でてひとしきり男泣きすると、惨めな撤退戦、秀吉の死に間に合わなかったことなど、こもごもの感情の持って行き場に困惑する。

この時、清正をして三成を不倶戴天の敵となさしめたのが、秀吉の没するわずか一ヵ月ほど前に、にわかに制定された「五大老」と「五奉行」の制度であった。

清正は己れの留守中に、豊臣政権を運営する「五大老」「五奉行」が発足したこと自体を、否定はしていない。主君秀吉の決定とあれば、家臣としてとやかくいうべきではない、と割り切っていた。だが、外征中に溜《たま》りに溜った憤り、労多くして何一つ報われなかったことについては、その捌《は》け口を欲してもいたのである。

もしも、秀吉が生きてあれば、清正は身内の気安さに甘えて、文句の一つもいい、それで水に流したであろうが、秀吉はすでになく、朝鮮の役での論功行賞については無期延期。事実上の沙汰止《さたや》み、となってしまった。朝鮮出兵そのものが大失策であり、外征は敗北にも等しい撤退であったのだから、論功行賞がおこなわれずとも、当然といえば当然のことである。

だが、清正の感情は別であった。朝鮮での死闘で彼の武名は大いに上がったものの、多くの家来が戦死し、一方で武功を立てた家臣もいた。大将である清正は、そうした家来たちに報いてやらねばならないが、外征の出費は大きく、如何《いか》ほどのこともしてやれない。清正のような純粋な武人にとっては、いたたまれなかったであろう。

「家臣たちに、面目が立たぬ」

清正の怒りは、人の上に立つ者としての公憤《こうふん》と、妙に幼児じみた、秀吉という父に相当する人を三成に独占され、ついに己れが顧みられなかったという強い嫉妬に根差していた。

「それにしても、太閤殿下に告げ口などしおって……」

朝鮮出兵のおりの召還も、思い出せば腹立たしい。

清正の複雑で、そのくせ子供じみた感情は、同じような感情を抱く外征組の若手を語らって、その矛先を三成に向けたものの、豊臣の老臣で「五奉行」の一《いっ》・浅野長政や「五大老」の前田利家には相手にされず、具体的な矛先は文治派——とりわけ朝鮮出兵の賞罰問題にからむ、三成配下の目付たち、たとえば福原長堯《ふくはらながたか》といった人たちに向けられた。

福原は慶長二年二月に、それまでの但馬豊岡（現・兵庫県豊岡市）三万石の城主から、豊後府内（現・大分市）十二万石の城主に抜擢されている。三成の女婿《むすめむこ》（一説に妹婿ともいう）であったがゆえの依怙贔屓《えこひいき》だ、と当時から噂されていた。清正はこの福原をはじめ、三成党の軍目付の熊谷直盛《くまがいなおもり》と垣見一直《かきみかずなお》、さらには三成の盟友・小西行長《ゆきなが》までを訴え出る措置を講じる。

つまり、以前に決定された裁断は、ことごとく誤りであった、というのだ。

一方の政権の実務を掌握する三成は、ここで清正の心を和ませるような工夫をするべきであったが、彼はその手のことは一切していない。

すでに処理済みである、として、清正の再審請求を握り潰《つぶ》してしまった。ますます激昂《げっこう》した清正は、大老の前田利家を再び頼るが埒《らち》があかない。秀吉の喪中であり、一度決まったことはくつがえしてはならない、との秀吉の遺命《いめい》もあった。近しいと思っていた浅野長政も駄目とあって、清正は意地になり、ついには北政所に泣きついたところ、ここで意外な名前が挙がった。

「内府（従二位内大臣・徳川家康）どのに、相談してはどうか……」

清正は以後、北政所のいうまま、家康のもとに出入りするようになり、関ヶ原の戦いでは九州の西軍を相手に活躍し、戦後、肥後熊本五十四万石を拝領するにいたった。

だが、そうした清正は終始、家康からは心中を疑われつづけ、豊臣秀頼と家康の会見を実現した直後、慶長十六年六月二十四日に、五十歳でこの世を去っている。ついでながら、加藤家は、次代の忠広の代に改易となり、この世から消えてしまう。

見方を変えれば、いつでも代わってやるぞ、との清正の三成にむけた嫉妬心が、福島正則同様、家康にまんまと利用されたといえなくもない。

良妻の見本・北政所

北政所の名前が出たので、女性から女性にむけられる嫉妬についても、史上にその例をみてみたい。こちらも、歴史を変える力をもっていた。

最大のものが、〝天下分け目〟の関ヶ原の戦いであったろう。

この日本史上でも稀有な内戦は、ずばりいって北政所と淀殿（豊臣秀頼の生母）の羨望と嫉妬のぶつけ合い、反射によって勝敗を決した、といっても過言ではなかった。

否、もし、天下人の豊臣秀吉が、北政所＝お禰《ね》を妻としていなければ、おそらく豊臣政権の誕生そのものがなかったろう。二人が結婚したのは、永禄四年（一五六一）八月のこと。秀吉は二十五歳、新妻お禰はまだ十四歳であった。藤吉郎と呼ばれていた秀吉は、尾張中村在の百姓（ただし村長クラス）の小伜《こせがれ》であり、お禰は同郷の織田家の足軽の娘でしかない。

当時、秀吉は織田家の小者頭であったが、まだ貧しい下級武士にすぎなかった。しかし、この二人はともに性格が陽気で、秀吉は体は小柄だが地声は大きく、お禰もまたそれに劣らず大きくて甲高い声で、よく笑った。

その仲のよさは、秀吉が近江長浜の大名となっても変わっていない。

お禰はその統治に知恵を貸し、はじめ税を免除した秀吉が、それを改めて取ろうとしたおりには堂々と反対し、秀吉の方針を撤回させている。勘違いされやすいことだが、戦国時代には女性の相続権が存在しており、男性と対等に話のできる女性は、決して少なくなかった。

むしろ武将の妻たちは、今日と同じように、夫顔負けの采配を振ったものだ。

お禰は一方で、秀吉が掻き集めてきた親戚の子供たちに台所めしを食《く》わせて、人がましく一廉《ひとかど》の武士になるよう、文武の教育にも目を光らせねばならなかった。そうした彼女の不幸はたった一つ、子ができなかったことにつきようか。

秀吉の長浜城主時代は、天正三年（一五七五）から同十年までの七年間であるが、この間に彼には秀勝という子が生まれた、といわれている。しかし、母はお禰ではなかった。秀吉の最初の側室であった南殿《みなみどの》ではないか、といわれている。しかもこの子は、生まれて間もなく早逝してしまった。

はじめて生まれたわが子を失った、秀吉の悲しみは想像にあまりあるが、このおりのお禰の心境は、いかばかりであったろうか。結局、秀吉夫婦は相談のうえ、主君信長の第四子・お次《つぎ》丸《まる》を養子にもらうこととなった。のちの、これまた「秀勝」である。

――この養子縁組を、最初に考えたのは、お禰だとの説があった。

彼女には、もはや自分には子が産めない、との確信があったようだ。

では、これから織田家で昇進していく夫のために、自分のやれることは何か。信長の子をもらうことは、夫の将来を保障することにつながった。

考えてみるがよい。信長にしてみれば、功臣秀吉がこれからいくら出世し、彼にいかほど領土を与えたとしても、次代は己れの実子に渡るわけであるから、いわば回り回ってもどってくるようなものではないか。

女も女に嫉妬する

お禰の見立ては、当たった。わが子を養子にやってから、信長の秀吉への待遇は、明白《あからさま》に良くなっている。それこそ、周囲の凄まじい嫉妬でも明らかであった。またその証左として、中国方面軍司令官に秀吉が抜擢されたことが如実に物語っていた。

だが、押しいただいた二人目の「秀勝」は、本能寺の変を挾んで丹波亀山城主となったものの、天正十三年（一五八五）十二月十日に、にわかの病没をとげてしまう。享年は十八であった。

天下人となった秀吉は、散々に女道楽に励み、お禰はそれを許しつづけたが、ついに秀吉には実子が生まれず、彼が関白となり、お禰が正室＝北政所として豊臣家のファーストレディとなっても、世継ぎ問題だけは、なかなか解決をみなかった。

秀吉の姉の子・秀次を養子と定めて、関白を譲ってのち、一度、鶴松を産みながら早逝させた愛妾の淀殿が、再び秀頼を授けられた。このおり、北政所はこの母子を決して敵視せず、豊臣家のためにも懸命に保護する姿勢をとっている。

しかし、一方の淀殿にすれば、自分は秀吉の後継者の実母である、との思いが強く、先に産んだ鶴松を預けた北政所に、最愛の息子を死なされた、との恨みと無念の思いがあった。

加えて淀殿の出自は、亡き織田信長を兄にもつお市の方を母とし、戦国大名・浅井長政を父としていた。そのわりには淀殿には、北政所のような従一位・准三后・豊臣吉子《よしこ》というような地位も官位も名前もなかった。二人は公の場では同席できないほどに、身分の差が生じていたのである。

そうした複雑な感情が、いつしか北政所を批判するような言動となった。

この間、秀吉は秀次を粛清している。淀殿は石田三成ら「五奉行」を味方につけ、秀吉が六十二歳でこの世を去ると、あろうことか北政所に、豊臣政権からの退場を求めた。

いかに良く出来た女《ひと》でも、そこには女性の性《さが》もあったにちがいない。

淀殿にたいして、あるいは、豊臣政権をわがもの顔で運営する石田三成らを見て、北政所が心底、面白くない感情を抱いたとしても、それは致し方のないことであった。彼女にすれば、この政権は夫・秀吉とともに、二人三脚で築いてきた、との自負もあったろう。

そうしたところに、政権に不平・不満をもつ加藤清正や福島正則ら、若き日のお禰が台所めしを食べさせた子飼いの武将たちが、昔のごとく甘えて愚痴をこぼしにきたのである。

「これから頼るは、家康どののぞ」

北政所はそういい、やがて大坂城を去ったが、そのあとに乗り込んできたのは家康であった。関ヶ原の戦いは武断派をかかえこんだ家康が、文治派の頭領・石田三成に打ち勝ち、家康は征夷大将軍となって次の天下をわがものとした。関ヶ原で大勝した家康は、落飾して高台院と称した北政所に、法外ともいえる一万三千余石の隠居料を提供し、死ぬまでその生活に何一つ不自由をさせていない。

大坂落城後しばらく生きた北政所は、寛永元年（一六二四）九月六日に七十七歳でこの世を去っている。その胸中を去来したものは、はたして何であったろうか。

母なるがゆえの嫉妬

淀殿は母なるがゆえの〝煩悩〟に、わが子・秀頼ともども滅びる選択をしてしまったが、この〝母なるがゆえ〟は、日本史に割りあい出てくる嫉妬のキーワードでもあった。

第一章でみた壬申《じんしん》の乱に、勝利して皇位に就いた天武天皇は、専制君主として国政には手腕を発揮したが、自らの後継者問題では禍根《かこん》を残した。大津皇子《おおつのみこ》の悲劇がそれである。

天武天皇には、第二子・草壁《くさかべ》皇子と、その一歳下の第三子・大津皇子という有力な皇位継承候補がいた。このほかに、壬申の乱で活躍した第一子・高市《たけち》皇子もいたが、こちらは母の身分が低いために、皇太子にはあげにくい事情があった。天武天皇は草壁か大津か、の二者択一に迷ってしまう。なにしろ両者には、条件的に一長一短があったからだ。

草壁皇子は母がよかった。持統《じとう》皇后（鸕野《うの》皇女・のちの持統天皇）との間に生まれた子であり、この皇后は天武帝とともに政務を執《と》ってきた功労者でもある。秀吉における、北政所といってよい。そのため持統皇后は、強力に草壁の立太子《りったいし》を主張していた。しかし、この皇子自身は凡《ぼん》庸《よう》な上に病弱ときている。これだけの高位にありながら、この人物は史料に記述がほとんど見当たらない。

対して、弟の大津皇子の母は大田皇女といい、持統皇后の実姉である。この姉妹は天智天皇の娘だから、天武天皇にとっては妻でありながら二人は姪《めい》でもあったわけだ。また、草壁と大津の両皇子は兄弟だが、母方から見ると従兄弟の関係になる。この当時の血縁関係は、すでにみたように複雑である。が、大津皇子の血筋が草壁皇子と比べて、遜色《そんしょく》のないことは明らかであった。

天武天皇は、どうやら草壁皇子よりも大津皇子を寵愛していた節がうかがえる。というのも、大津皇子は大人物の風貌があり、文武《ぶんぶ》に優れていたからである。

「状貌魁梧《じょうぼうかいご》（身体容貌が大きくたくましい）にして器宇峻遠《きうしゅんえん》（度量が大きく気高い）、幼年より学を好み、博覧にしてよく文をつくる。壮に及びて武を愛し、多力にしてよく剣を撃つ」

（『懐風藻《かいふうそう》』）

しかしながら、大津皇子には致命的な欠点があった。天武天皇以外、血族者に強力な庇護者《ひごしゃ》がいなかった点である。母の大田皇女は残念なことに、皇子が幼少のころに亡くなっていた。結局、持統皇后の働きかけがものをいい、天武十年（六八一）、草壁皇子が皇太子となる。

ところが、それからちょうど二年後、天武天皇は二十一歳になった大津皇子を朝政に参画させたのだ。ほかの皇子には為《な》されなかった、特別な措置であったといえる。才能と人望のある大津皇子に、群臣《ぐんしん》がつき従うのはしかたのない成り行きだった。が、この処置は、持統皇后の神経を逆撫《さかな》でした。

そんな火種を抱えた状態の中で、天武天皇が朱鳥《しゅちょう》元年（六八六）九月九日、病死したのである。天皇が病床にあるときから、国政の全権を掌握していた持統皇后は、悲しみの儀式をつつがなく推し進めていったが、十月二日、突然に大津皇子に謀叛の心ありとして、皇子のほか三十余名を逮捕する挙に出た。大津皇子と親しかった、天智天皇の子・川島《かわしま》皇子の密告がキッカケになったようだ。しかし、これは明らかに皇后の陰謀だった公算が強い。

ただ、一方の大津皇子にも、疑惑を招きかねない行動があったのは事実である。

天武天皇の臨終《りんじゅう》の前後に、皇子は伊勢神宮に住む姉のもとへ密《ひそ》かに出かけていた。ことが微妙な時期だけに、挙兵するのには都合のいい地域へ赴《おもむ》いたのは、何とも軽はずみであった。

目障《めざわ》りな大津皇子を、どうにかして排除したい、と考えていた持統皇后にとって、これは絶好の口実となったろう。事件の発覚が唐突だったのに加えて、処刑もまた異常な展開となった。

何と逮捕の翌日、大津皇子は早々と死を賜《たまわ》り、二十四歳の若さで自害《じがい》したのである。皇子の妃・山辺皇女《やまのべ》（天智天皇の娘）は、その死を知ると、長い髪を振り乱しながら裸足で駆けつけ、遺骸にとりすがって泣き、そのまま殉死《じゅんし》を遂げてしまう。その様子を見ていた者は、胸をつかれたという。では、逮捕された共謀者の処分はどうだったのか。

これが、実に軽いものであった。二名が伊豆と飛騨へ移されただけで、ほかの者はすべて赦《ゆる》されている。皇子を死罪にしたにしては、おかしな処置といわねばならない。

ここまでしてわが子・草壁皇太子の立場を守ろうとした持統皇后は、その後、さらに政権を安定させるため、即位式を挙《あ》げずに政務を執《と》りつづけた。だが、人の思惑は運命《さだめ》には適《かな》わない。肝心の皇太子は、親の思いを裏切るようにして二年半後、急逝《きゅうせい》してしまう。

悲劇の死を遂げた大津皇子の呪いではないか、と朝廷の人々は噂《うわさ》したという。

〝美人〟それ自体で嫉妬されるもの

〝母なるがゆえ〟と前述したが、日本史を通覧《つうらん》していると、女性の場合、〝美人〟というだけでも、周囲にやっかまれ、嫉妬され、いじめられた例は少なくなかった。

かつて橘 玲《たちばなあきら》氏の『言ってはいけない　残酷すぎる真実』（新潮社）で、美貌格差について——、を読んだことがある。

それによると、美しさの基準は時代や文化によって異なるものの、ある種の普遍性があり、かりに五段階評価に置きかえると、「三」（平均）より上の女性は、「三」より八パーセント収入が多いという。それに対して「三」以下の場合、四パーセント収入が減るというのだ。

今、かりに大卒サラリーマンの生涯賃金（退職金も含め）を三億円とした場合、美人は二千四百万円の得となり、外見が平均を下まわるとされる女性は一千二百万円も損をすることになる。これが事実なら、不美人が美人に嫉妬の炎を燃やすのも頷けなくはない。

確かに、〝美〟をめぐる嫉妬は、ときに歴史をも動かしてきた。とりわけ美貌ゆえに、生命《いのち》を縮めなければならなかったケースは、それこそ枚挙に遑《いとま》がない。

すでにみた、信長の妹・お市はその美しさゆえに二度の落城を経験し、二度目にこの世を去った。その娘・淀殿も、なまじ母の面影を宿していたがために、こちらは三度の落城を経験し、ついにわが子・秀頼と共に大坂城に滅んでいる。

——信長の織田家は、どうも美男・美女の家系であったようだ。

かつての戦国時代、織田氏と武田氏が取り合った城に、美濃の岩村城（現・岐阜県恵那《えな》市）

というのがあった。美濃をようやく攻略した信長は、この城の城主・遠山内匠助景任《たくみのすけかげとう》のもとへ、美貌を謳われた己《おの》が叔母を嫁がせた。どうやら信長にとっては、初恋にも近い、特別な感情をもつ女性であったようだ。残念なことに、生年と名は伝わっていない。

ところが元亀元年（一五七〇）、武田信玄の上洛戦のおり、その家臣で信濃高遠城主であった秋山信友《のぶとも》が、突然、この城に攻めてきた。景任は信長に援軍を要請、信長は急ぎ明智光秀を救援に送ったが、三十五騎を失ったうえ、同三年十一月には景任が病死する事態となった。

跡継ぎがいなくては、と信長は自らの五男・御坊丸《おぼうまる》を養子として、岩村城へ送ったのだが、いまだ幼い彼では城主の役には立たない。信長の叔母が城主を代行することになる。しかし、景任の遺臣たちは武田氏の圧力に抗しきれず、ついには翌四年二月初旬、信友に城を明け渡して、御坊丸を甲斐の信玄のもとに人質にやってしまう。

このおり信長の叔母は、信友の後室となってしまった。御坊丸の生命《いのち》が助かったことも含め、信長の叔母が魅力的な美人であったことは間違いあるまい。

いにしえの源義朝の愛妾・常盤《ときわ》御前は、その美貌ゆえに腹を痛めた三人の息子（今若《いまわか》・乙《おと》若《わか》・牛若《うしわか》＝義経）の生命《いのち》を宿敵・平清盛に助けられ、彼の思われものとなって一女を産んだのち、大蔵卿の藤原（一条）長成《ながなり》のもとへ嫁がされ、ここでも男子能成《よしなり》を生んで、晩年は平穏な生涯を閉じていた。

が、信友の後妻となった女《ひと》は、信玄の病没後、天正三年（一五七五）五月に後継者の武田勝頼が長篠・設楽原の戦いで敗れると、その年の十一月、余勢をかって信長の嫡男・信忠に、岩村城を攻められる。このとき信長は、叔母のことを思ってであろうか、

「縁者であるによって、生命《いのち》だけは助けてやろう」

との甘言をもって、籠城中の信友を降伏させた。しかし、城内に叔母の姿はなかった。

信長は信友を岐阜に呼ぶと、この憎い男を長良川の川原で、逆さ磔《はりつけ》の刑に処している。信友は信長の約束違反を恨みつつ、七、八日間苦しみ抜いて死んだという。

それから七年後の天正十年、勝頼追討のために甲斐・信濃に軍をすすめた信長は、上諏訪の法華寺に三月十九日から四月二日まで滞在したが、このおりにきらびやかな小袖を着た、一人の女性が信長を訪ねてきた。

兵たちは身元もわからない女性を、信長に会わせるわけにもいかず、断ったところ、その女性は懐中から錦の袋に入れた茶入れを取り出して、

「これを信長公に見せてたまわれ」

という。

信長はその茶入れを見るなり、石に投げつけてこれを砕き、訪ねてきた女性を斬り殺してしまった。その女《ひと》こそが、秋山信友に嫁いだ信長の叔母であったというのだ。

自分の許しもなく、信友の側室となったのが心底、許せなかったのであろう。

実は美貌の叔母に、ひそかに想いを寄せていた信長は、岩村城の遠山景任の許へこの叔母が嫁ぐおり、茶入れを贈っていたのだ。砕かれたのが、その茶入れであった。信長は、己れの嫉妬心を拭い去れなかったようだ。その叔母が生きのびて、目の前に現われた途端、「今さらなにを！」と怒りを爆発させた——筆者には、そのように思われてならない。

彼女の墓は不明。その助命によって生命《いのち》ながらえた猶子《ゆうし》（親族や他人の子を自分の子としたもの）の御坊丸は、天正九年十一月に甲斐から父・信長のもとへ送還され、元服して源三郎勝長と名乗り、犬山城主ともなったが、翌年の〝本能寺の変〟で討死《うちじに》を遂げてしまう。

嫉妬の日本通史

日本の歴史において、それこそ嫉妬の攻防史は神話の時代から存在した。

ヤマトタケル（倭建命・日本武尊）が遠征につぐ遠征で疲れ、悲劇的な最期を遂げなければなかったのは、父・景行天皇（第十二代）のわが子の並外れた英雄ぶりに対する恐れ、嫉妬が原因であった。自身と比較しての憎しみと恐怖は、その対象者を抹殺しなければおさまらない。

平安時代前期、権勢を極めていた左大臣・藤原時平《ときひら》（道長の曾祖父の兄弟）が、学問の家＝

文章博士《もんじょうはかせ》の菅原道真を、あからさまに大宰府に左遷したのも、その学識・人柄に対する人間力の差、そこから生じた嫉妬の炎であった。

そのくせ、この世をから消してやりたいと思った相手が、不遇の中で死に、死後、京の都で旱魃《かんばつ》や飢饉、落雷などがつづき、さらには権勢を一身に集めた時平自身が若死を遂げ、彼を支持した醍醐天皇（第六十代）の急死などが重なると、一転して不倶戴天の道真を恐れて、藤原氏は悪霊退散を願いつつ、道真を神様とする北野天満宮を創建する。

これは嫉妬返しに遭った、藤原氏の敗北宣言ともいえた。

その後、藤原氏として全盛期を築いた藤原道長が、

この世をばわが世とぞ思ふ望月の
欠けたることもなしと思へば

と詠い、やがてこの世を去ったおり、まったくかなわない、と道長の権勢をふり返って悟った内大臣・藤原実資《さねすけ》は、己《おの》が日記『小右記《しょうゆうき》』の中に、あきらめともつけたしともつかぬ、道長は「のどが渇いて多量の水を飲んでいる」「体が痩せて体力がなくなった」「背中に大きな腫れ物ができた」「目が見えなくなった」などと、飲水病（糖尿病）の症状を書きとめていた。これ

も嫉妬の、消し炭といえなくはない。

平清盛が太政大臣となったのも、その根底には公家たちへの苛立ち、怒りがあり、ともに蔑まれてきた宿敵・源義朝に抱いたものは、武人としての個別戦闘力の高さに対するコンプレクス、嫉妬であった。

鎌倉幕府を開いた源頼朝が、異母弟の義経に抱いた「非常識だ」との怒りも、その心底には合戦巧者で連戦連勝の義経に対する、恐れ、嫉妬があった。また自らを擁立してくれている御家人たちの、面子《メンツ》を守るためでもあったろう。

鎌倉幕府を幾つもの重構造にして、三代目の執権として権力をにぎった北条泰時《やすとき》が、「御成敗式目」という法を作ったが、これは律令制度を否定するものでも、改定するものでもなく、「道理」(物事の筋道)に訴えた、実に周到に考え抜かれた嫉妬の起きにくい傑作であった。

蒙古襲来に際して、北条時宗(八代執権)がその使者を二度も斬首にしたのは、対話をもつことでこちらの結束が乱れ、結果としての己れの敗北感をさとられてしまう、との恐れからであり、一種の空威張りにすぎなかった。

南北朝の時代、悪党・楠木正成の進言をことごとくはねつけた後醍醐天皇の、側近の心情も、できすぎた人間の分不相応における、恐怖への〝構え〟であったろう。

しかも嫉妬は、南北朝の動乱や応仁・文明の乱でも示されたごとく、目的と手段を混同させ、戦うべき敵と組んで、本来は一緒に頑張らなければならない身内、味方を打ち倒すこともしばしばであった。

そういえば、わが子可愛さのあまり、日本史上最大の内乱＝応仁・文明の乱を引き起こした当の日野富子は、最初、西軍の山名宗全《そうぜん》を頼りにしながら、途中で東軍の細川勝元《かつもと》に乗り換えたりしている。そのため両陣営は混乱し、十一年という長きにわたる不毛な戦《いくさ》を継続、富子の実子・義尚《よしひさ》が室町幕府九代将軍になったとはいえ、すでに世の中は戦国乱世に突入してしまっていた。

終始安定感を持たなかった室町幕府にあって、最も力がみなぎっていたとされるのは、義尚の六代前、三代将軍・義満の治世であった。彼は足利将軍家の領土が少ないことを、金銭的に補おうとして日明貿易（勘合貿易）を推進したが、将軍家の飛び抜けての財力を歓迎しない三管領・四職《ししき》の嫉妬は、義満の死後、四代将軍義持《よしもち》の時代に、「日本国王臣源」は国辱であります、と義持に迫り、日明貿易そのものを止めてしまった。

嫉みによる陰謀は、幕府の社会的生命を奪ったといってよい。しかも嫉妬という感情は、対象となった人をストレートには攻めてこず、その人間関係をズタズタに引き裂くことに、陰湿で暗い喜びと、後ろめたい言い訳をともなってやってきた。

金銭が主流の嫉妬

ところが近世―近代―現代となるにつれ、これまで以上にクローズアップされるようになった嫉妬が、日本史に登場する。お金である。

ちょうど江戸幕府や諸大名が、藩政改革に血眼になりはじめた頃からであろうか。人の値打ちが、金銭上の貧富をもって評価されるようになった。江戸中期の藩政改革――すなわち財政再建は、三つの点で嫉妬を激しく燃え上がらせたといってよい。

まず一つ目は、日本社会がおおむね嫌う抜擢人事――。

つまり、改革の実行にあたる人物＝成り上がり者を生み出してしまったこと。これは封建制の時代のみならず、常に周囲から嫌悪感をもたれた。とりわけ世襲が前提の江戸時代において、諸藩の改革に抜擢された人々は、それこそ関ヶ原の戦い以来の〝歴史〟を持ち出されて、そのとき、そちの家は何をしていたのか、と負の感情で攻められた。それでなくとも、痛みのともなうのが改革であり、日本人は今も昔も総論賛成・各論反対――痛みがよそごとならいいのだが、わが身に及ぶとはねあがるように悲鳴をあげ、既得権益を奪いにきたものを呪い、うらむ。

二つ目に、経済問題にかかわったというだけで、日本人の多くはその人物をあやしく思う。先にみた〝清貧〟を尊いものと考えてきた日本人は、逆にお金を卑しむ、汚らわしいものと考える民族的意識を、強くもちつづけてきた。

それこそ、流通経済に移行しようとした豊臣秀吉の政権が、大判・小判を造って諸大名にみせたおり、順応性の高い伊達政宗は、これを重宝がったものの、それを見せられた上杉景勝（謙信の後継者）の家宰・直江兼続《なおえかねつぐ》は、戦陣で大切な軍配を握らなければならない手で、そのような不浄のものはさわれない、と扇子をひろげてその上で、ポンポンと大判をはねたことがあった。とくに武士の世界では、このお金は不浄のものとして代々、教え込まれることとなる。

が、改革者はこれを扱わなければ、そもそも仕事にならない。

三つ目が、当然のように起きる「賄賂《わいろ》」、贈収賄である。

江戸時代は今日のような「賄賂」＝不正といった感覚がなく、〝袖の下〟は公然と経費と認められていた。紀伊国屋文左衛門《きのくにやぶんざえもん》が、寛永寺の根本中堂の改修工事を請け負ったおりの、幕府へ提出の書類にも、奉行への「賄賂」は公然と明記されている。

が、権力をもってこれに携わる者に、日本人は容赦がなかった。江戸時代は「賄賂」を仲間内で分け合い、それを出世の手段として用いるのが一般的であったが、公私の見えにくいところでは、自分一人がいい思いをして、許せない、と人々の嫉妬をかきたてたようだ。

五代将軍・徳川綱吉の側用人・柳沢吉保《よしやす》は、きわめて良識のある学殖豊かな人物であったが、戦国の石田三成のように誤解され、今日なおその金まみれの虚構が一人歩きしている。

老中として権力を握った田沼意次《おきつぐ》しかり。一代で成り上がり、お金に関して三つの条件にあてはまる者は、かならずといってよいほど社会的に葬られた。

近代史の時代に入っても、財閥はことごとく庶民から悪者として扱われ、叩かれつづけている。安田財閥の祖・安田善次郎、三井財閥の団琢磨《だんたくま》などは、そのために暗殺されている。

だが、財政はありとあらゆる社会において、かげがえのないものであった。

たとえば幕末、討幕の主力を担った薩摩藩——この藩がなぜ、それだけの活躍ができたのか、この藩には豊富な資金力があったからだ。

ところがこの西南の〝雄藩〟、ほんの少し前までは、天文学的な数字の赤字財政に悩まされていた。もし、それを解決できていなければ、日本史は大きく方向を変えたにちがいない。

宝暦五年（一七五五）、わずか十一歳で藩主となった島津重豪《しげひで》は、語学の才に恵まれ、中国語をよくしたと伝えられるが、やがて長崎をとおして西欧文明へとその好奇心を広げていった。藩学興隆のために藩校・造士館《ぞうしかん》や演武館を創設し、また、医学院や天文館を開設し、薩摩暦をつくるなど、頻繁に開明政策を推しすすめ、さらには長崎から外国の書物や器械類を、それこそ金に糸目をつけずに購入した。天明七年（一七八七）に彼は四十三歳で隠居したものの、実権は依然として掌握しつづけており、その間にも薩摩藩の財政は逼迫《ひっぱく》の度を深めていく。

文化四年（一八〇七）の時点で、負債はすでに百二十六万両にもなっていた。今日の貨幣価値に換算すれば、五百億円にもなろうか。

調所笑左衛門の光と陰

もっとも、この百二十六万両もの負債を、重豪ひとりの責任に帰すのはあたらない。徳川幕府は諸大名に対し、諸課役を各々の総石高に応じて割り当てた。江戸城や駿府城・大坂城などの修理や普請、諸河川の治水工事といった具合にである。加えて、諸侯は参勤交代にもなみなみならぬ出費を強《し》いられていた。

薩摩藩では元和二年（一六一六）の二万両の負債を皮切りに、寛永九年（一六三二）十四万両、寛延二年（一七四九）には六十万両と、重豪が藩主に就任するまでに、すでにこれだけの藩債があったのである（約二百億円ほど）。

当時の金利は年一割を超えたから、利息だけで年収にも等しく、とても返済できる額ではなくなっていた。利息は利息を生む――それから二十年を経た文政十年（一八二七）には、江戸・京都・大坂に南都（奈良）を合計すると、薩摩藩の借財はなんと五百万両（銀にして三十二万貫余）もの数字にふくれあがる。こうなると商人たちも貸出しをしなくなり、藩では幕府の公用費や家臣たちへの俸給といった、日常の経費すら支弁できないありさまとなった。

思案にあまった重豪が、財政再建に乗り出し、勝手方重役に抜擢したのが、至誠一貫の人・調所笑左衛門広郷《ずしょしょうざえもんひろさと》であった。彼は安永五年（一七七六）の生まれであるが、その生い立ちはよくわかっていない。十五歳のときに茶坊主として勤めに出たらしい――その程度の男に、重豪は危機の藩財政の行方を任せたのであった。

まさに破天荒の人事といってよい。重豪―笑左衛門の主従は、当時、経済学者として著名であった佐藤信淵《のぶひろ》に相談。その建策を得て、十年がかりで藩財政の再建にとりかかった。ときに文政十一年、重豪は八十四歳、笑左衛門は五十一歳であった。

私（笑左衛門）は成り上り者であるから家老は出来ませぬと、その時は側詰《そばづめ》で家老同様で三役の中に這入《はい》っているが、どうしても家老は出来ぬと御断《おことわ》りした。是非御付《おおせつけ》らるるならば、人はどう言ふとも一切御取上《おとりあ》げにならないで、御役御免といふことがあっては出来ませぬ。どういふことがあっても御免にならなければ家老を勤めませふと、君公（重豪）も非常に困られた場合であるから、宜《よろ》しいといふことで、決して役職を免《めん》せぬといふ直書を与えられて家老になった人である。（『史談会速記録』）

笑左衛門も、己れの抜擢人事に向けられる嫉妬を恐れていたことが伺《うかが》える。

さて、佐藤信淵の藩財政再建に関するアドバイスは、次のようなものであった。

一、今後十年の間に、積立金五十万両をつくること。
二、藩の物産をはじめとし、あらゆる面でも積極的な収入増加をはかること。
三、これまでの、借入金を帳消しにする算段をすること。

笑左衛門は、信淵の建策の中で、もっとも取り組みやすい事項から手がけることとし、まずは藩内穀物のロスの防止、物産の品質改良と収益増加をはかった。なかでも藩の物産のうち、黒砂糖は最大の財源であったから、早くから専売制を実施していたが、彼はさらに徹底すべく、藩の専売制に反して密売する者には死刑などの重い処罰をもって臨んだという。

そして次には、琉球を介しての中国貿易を幕府に願い出て、年額三万両を限度とする貿易の許可を得た。こうして財政建て直しの曙光《しょこう》がみえはじめた天保四年（一八三三）正月、重豪は江戸高輪（現・東京都港区高輪）の藩屋敷で没し、藩主斉興《なりおき》の親政となったが、斉興もまた笑左衛門を全面的に重用、すでに敷かれていた財政再建の道を、継承したのであった。

このあたりまで、笑左衛門への風当たりはさほどのものではなかったようだ。

天保六年、彼は最大の難事である、五百万両の藩債整理にいよいよとりかかる。大坂の商人・

浜村屋孫兵衛を味方に引き込み、三都ならびに国許《くにもと》の商人たちと交渉に入った。

笑左衛門は〝古証文〟の書きかえを理由に、これまでの借用証文を集めると、これらをことごとく火に焼《く》べ、いけしゃあしゃあと二百五十年賦、無利子償還——すなわち、五百万両を二百五十年かけて、無利子で返済するという虫のいい返済計画を、一方的に商人たちへ押しつけた。一年にして二万両——実質上は、五百万両の借金の踏み倒しといってもよかったろう。

当然のことながら、債権者たちは色めき立って反対したものの、結果は多くの倒産者を出してこの一件は不問に付《ふ》され落着した。なぜならば、亡き重豪の娘・茂姫《しげひめ》（広大院《こうだいいん》）は、十一代将軍・徳川家斉《いえなり》の正室であったから、奉行所も薩摩藩を相手にはできなかったのである。

笑左衛門はこうした非常手段を講じる一方で、生産物の合理化策を推進しながら、たばこ、椎《しい》茸《たけ》、硫黄《いおう》、牛馬皮、捕鯨、櫨蠟《はぜろう》、鰹節、製塩など多種多様の物産を開発。とくに、奄美の黒砂糖については、品質管理を強化し、薩摩藩の黒砂糖の相場を高めている。

さらに特記すべきは、奄美では田を畠として黍《きび》作りを奨励し、租税は貢糖で、他の砂糖は一斤（約六百グラム）につき三合三勺《しゃく》（相場は六升）の米価で買い上げ、のちには〝羽書《はがき》〟という手形支払に切り換え、島民には物品支給という仕組みとしたことであろう。こうなると、島民への搾取《さくしゅ》以外のなにものでもない。

ために藩の黒糖収入は二百三十五万両にものぼり、改革十年前にくらべ九十九万両の利潤増になった。重豪―笑左衛門の主従ではじまった〝天保の改革〟は、十年で見事に成功した。天保十一年には積立金五十万両が鹿児島と大坂の藩庫に収められ、同十五年にはこの非常用積立金が百五十万両となって江戸、大坂、国許の三ヵ所に蓄えられたという。

ところが嘉永元年（一八四八）十二月十八日、笑左衛門は改革中の――密貿易などの――責めを一身に負い、自殺を遂げる。先の財政再建における嫉妬三項目が、彼の生命《いのち》を奪ったのだ。このとき笑左衛門は、七十三歳であった。

「もっともよい復讐の方法は、自分まで同じような行為をしないことだ」（『自省録』）

といったのは、第十六代ローマ皇帝のマルクス・アウレリウス・アントニヌスであった。

が、嫉妬はおそらく未来永劫、人間が複数いるかぎり、この世から完全に消え去ることはないだろう。抑制しても、湧き出てくるのが嫉妬であり、この負の感情は連動した。

「執着やねたみや憎しみのあるところには、やがてそれをこやしとして愛というものが咲き出すのかもしれません」（『変容』）

といったのは評論家の伊藤整《せい》であったが、この負の感情をかわし、競争のプラスのエネルギーに向けられたり、ふり返って鷹揚《おうよう》に構えられるのであれば、それにこしたことはない。

腹八分目のように、仕事をセーブするのもいいだろう。

読書もいい。世の中がいかに嫉妬にまみれているかを厳然と知り、その迎え方についての情報も得られる。相手をくすぐる「パーキンソンの法則」に学ぶのも有効であろう。

だが、いよいよ耐えられない、どうしようもない、となったならば、躊躇《ちゅうちょ》することなくその苦境を離れる決断をすべきである。使い捨てにされる前に、自身の心身がボロボロになるより早く、道を転じなければならない。哲学者のルソーは、『社会契約論』の中でいっている。

「ドレイは彼らの鎖のなかですべてを失ってしまう、そこから逃れたいという欲望までも」

逃げることは、恥ではない。その環境から脱さなければ、精神が蝕まれてしまう。

生命《いのち》はたった一つしかない、この世で最も尊いものである。死んで花実は咲きはしない。

負けた、くやしい、金銭的に無理……などと理由をいちいちあげずに、新しい世界に身を移して、やり直すことを考えることだ。

それが日本史に学ぶ、〝緑色の目をした怪物〟に対する、最後の〝秘鑰《ひやく》〟である。

（了）

加来耕三（かく・こうぞう）

一九五八年、大阪市生まれ。奈良大学文学部史学科卒業後、同大学研究員を経て、現在は大学、企業の講師をつとめながら、歴史家・作家として独自の史観に基づく著者活動をおこなっている。『歴史研究』編集委員、内外情勢調査会講師、中小企業大学校講師、政経懇話会講師。著書、監修書は多数あり、近著に『図説「生きる力」は日本史に学べ』（青春出版社・青春文庫）、『刀の日本史』（講談社・講談社現代新書）、『歴史に学ぶ自己再生の理論』（論創社）、『性愛と結婚の日本史』（祥伝社・祥伝社文庫）、『家康はなぜ、秀忠を後継者にしたのか』（ぎょうせい・政刊懇談会「第14回ほんづくり大賞」大賞受賞）、『日本武術・武道大事典』（監修・勉誠出版）などがある。

日本史《にほんし》は「嫉妬《しっと》」でほぼ説明《せつめい》がつく

二〇一七年三月三日　第一版第一刷発行

著　者　加《か》来《く》耕《こう》三《ぞう》

発行人　宮下研一

発行所　株式会社方丈社
〒一〇一―〇〇五一
東京都千代田区神田神保町一―三二　星野ビル二階
tel.　〇三―三五一八―二二七二
fax.　〇三―三五一八―二二七三
ホームページ　http://hojosha.co.jp

印刷所　中央精版印刷株式会社

ISBN978-4-908925-07-8

生きるために大切なこと

アルフレッド・アドラー・著
桜田直美・訳

原典で読む、アドラー！

人は誰でも劣等感を持っている。そして、そこから向上心が生まれるのだと説いたアドラー。「今、ここにある自分」から出発し、自分を見つめ、自分と向き合うことで、他者とも向き合うことができるようになると、わかりやすい言葉で語りかける、アドラー自身による、アドラー心理学入門。

四六判並製　256頁／定価:1,400円+税／ISBN:978-4-908925-00-9